I0644658

Éthique, politique, religions

2018 – 2, n° 13

Éthique, politique, religions

Imaginaire et *praxis*. Autour de Gaston Bachelard

Revue semestrielle éditée par l'Institut
de recherches philosophiques de Lyon (IRPhiL)

Numéro coordonné par Gilles Hieronimus et Julien Lamy

PARIS
CLASSIQUES GARNIER
2019

RÉDACTEUR EN CHEF

Thierry GONTIER

SECRÉTAIRE DE RÉDACTION

Romain CARNEVALI

COMITÉ DE RÉDACTION

Frédéric BRAHAMI (Centre Raymond Aron – EHESS), Philippe BÜTTGEN (Université Paris 1), Isabelle DELPLA (Université Lyon 3), Hugues FULCHIRON (Université Lyon 3), Mai LEQUAN (Université Lyon 3), Thierry MÉNISSIER (Université de Grenoble 3), Corine PELLUCHON (Université Paris Est – Marne-la-Vallée), Jean-Philippe PIERRON (Université Lyon 3), Bruno PINCHARD (Université Lyon 3), Michel SENELLART (ENS de Lyon, Lyon)

COMITÉ DE LECTURE

Makram ABBÈS (ENS de Lyon, Lyon), Florence CAEYMAEX (Université de Liège), Michaël FŒSSEL (École Polytechnique), Luc FOISNEAU (Centre Raymond Aron, CNRS/EHESS), Claude GAUTIER (ENS-LSH, Lyon), Charles GIRARD (Université Lyon 3), Marie GOUPY (Institut Catholique de Paris), Nadia Yala KISUKIDI (Université Paris 8), Stéphane MADELRIEUX (Université Lyon 3), Jean-Claude MONOD (Archives Husserl, CNRS), Lionel OBADIA (Université Lyon 2), Pierre-Yves QUIVIGER (Université de Nice-Sophia Antipolis)

COMITÉ SCIENTIFIQUE INTERNATIONAL

Francesco ADORNO (Université de Salerne), Lazare BENAROYO (Université de Lausanne), Thomas BERNS (Université libre de Bruxelles), Marc-Antoine DILHAC (Université de Montréal), Jocelyn MACLURE (Université de Laval), Mathias RIEDL (Central European University, Budapest), David WALSH (Catholic University of America, Washington), Ghilain WATERLOT (Université de Genève)

© 2019. Classiques Garnier, Paris.
Reproduction et traduction, même partielles, interdites.
Tous droits réservés pour tous les pays.

ISBN 978-2-406-09128-8
ISSN 2265-0156

SOMMAIRE

INTRODUCTION

Au seuil d'un volume collectif se donnant pour objectif de (re) penser la relation de l'action et de l'imaginaire à partir de l'œuvre de Gaston Bachelard, deux questions sensibles se posent, et s'imposent, avec toute la force de leur impertinence. Pourquoi, en effet, se référer à un auteur qui n'a pas thématisé, sinon théorisé, la question de la praxis, de l'éthique ou de la politique, pour engager une réflexion sur la pratique, individuelle et collective, alors même que les philosophes professionnels ne manquent pas, surtout dans la période contemporaine, sur ces questions ? Et pourquoi s'intéresser au lien supposé de l'action avec l'imagination, notamment l'imagination poétique, alors même que la rêverie et l'imaginaire semblent bien, *a priori*, nous éloigner des nécessités de la vie et des impératifs de la pratique, qui supposent tous deux un engagement effectif du sujet dans le monde des choses et des hommes, un contact direct avec la matière et la nature, une confrontation parfois violente avec la réalité ? Ce ne sont pas là de vaines questions rhétoriques, que l'on évoquerait par simple convention académique. Car il ne va absolument pas de soi de prendre l'œuvre de Gaston Bachelard comme référence pour penser la pratique et l'action, et ce pour plusieurs raisons.

En premier lieu, on doit rappeler que cette œuvre à l'apparence duelle, ou « bifide », comme on dit parfois, est généralement perçue comme étant coupée en deux versants incompatibles, dans lesquels s'épuiseraient la réflexion du philosophe. Bachelard ne serait, nous dit-on souvent, qu'un philosophe spécialisé, ayant consacré tous ses efforts à la question du savoir scientifique (versant épistémologique), et à la question de la création littéraire (versant poétique). Cette image d'Épinal a la vie dure, et malheureusement persiste, comme c'est souvent le cas avec les préjugés et les lieux communs, dont le monde des philosophes professionnels n'est pas toujours exempt. Toujours est-il qu'il résulte de cette vulgate bachelardienne une réception simplifiée, et même tronquée, de l'œuvre de Bachelard, qui s'en trouve considérablement appauvrie, car réduite par principe à n'être qu'une épistémologie historique, entée sur la nouveauté de la physique contemporaine, et qu'une esthétique de la littérature, ayant pour objet le rôle de l'imaginaire dans la création poétique. Ce portrait bien connu, que les bachelardiens ont trop souvent entretenu eux-mêmes, soit en se focalisant sur la question de l'unité de l'œuvre de Bachelard, instituée dogmatiquement comme question préjudicielle de l'exégèse de cette pensée, soit en se spécialisant à outrance dans l'un des deux versants apparents de l'œuvre, en négligeant plus ou moins ouvertement le reste des écrits du philosophe, méritait d'être questionné. Ce travail de déconstruction a été initié, puis carrément « mis en chantier », ces dix dernières années, dans le sillage d'un franc renouvellement des études bachelardiennes. En ce qui concerne la question de l'éthique et de la pratique, un colloque a fait date. Il s'agit des rencontres qui se sont tenues en 2012 à Cerisy-la-Salle, dans le cadre d'une semaine consacrée à la question : *Gaston Bachelard. Science et poésie : une nouvelle éthique ?* Au terme de cette semaine de conférences et de discussions, qui ont donné lieu à la publication d'un volume collectif chez Hermann en 2013[1], il est apparu clairement que la pensée de Bachelard était porteuse d'une réflexion éthique (et même politique), et que celle-ci était immanente à la philosophie qui se déploie dans l'ensemble de l'œuvre. C'est d'ailleurs le second mérite de ce colloque : avoir démontré que l'on peut, derrière la dualité de l'œuvre et la diversité des thèmes qui y sont abordés, discerner, et reconstruire, une philosophie générale de Bachelard. Loin de se réduire à une simple épistémologie des sciences expérimentales, ou à une modeste philosophie de l'image littéraire, cette pensée déploierait en réalité dans ses œuvres publiées une philosophie singulière, que l'on peut qualifier de pluraliste, et que l'on peut identifier par certains postulats et présupposés déterminants : le refus d'un système théorique unitaire et totalisant, l'idéal d'une philosophie engagée dans un travail sur des questions et des objets particuliers, une anthropologie philosophique sous-jacente, concevant l'homme comme un être éminemment pluriel.

C'est dans le cadre problématique et théorique ouvert par cette première rencontre académique consacrée à l'éthique chez Bachelard, que s'inscrit le présent volume collectif, par la médiation institutionnelle

1 J.J. Wunenburger (s. dir.), *Gaston Bachelard. Science et poésie : une nouvelle éthique ?*, Paris, Hermann, 2013.

de l'Atelier Bachelard, séminaire de recherches universitaires consacré à la pensée et à l'œuvre de Bachelard, inauguré en 2013 dans le cadre d'un partenariat entre l'Université Lyon 3 et l'École Normale Supérieure de la rue d'Ulm. L'une des orientations directrices de l'Atelier était de prendre le parti d'explorer et de reconstruire les aspects les moins connus ou aperçus de l'œuvre (métaphysique, philosophie du langage, éthique et politique, etc.), et de favoriser un renouvellement des approches de la pensée de Bachelard, au-delà du clivage science-poésie. Or, la question de l'action s'est assez vite révélée centrale dans l'œuvre. Et bien que Bachelard n'ait pas thématisé cette question comme objet inscrit dans le cadre d'une spécialité académique (philosophie morale, philosophie normative, philosophie de l'action), et dont l'analyse serrée serait intégrée à une enquête plus générale et systématique sur l'agir, il n'en demeure pas moins que ses réflexions sur la science, sur la poésie, et sur le temps, ont été l'occasion de remarques, d'analyses et d'intuitions pour le moins suggestives à propos de l'action humaine, du « faire » proprement humain, et dont le lecteur d'aujourd'hui peut tirer profit. Mais lequel ? Que peut-on gagner à penser la praxis, le faire, l'agir, à l'aune de l'imaginaire et de la rêverie, et de leur rapport problématique au réel et à la rationalité ? L'imagination et la rêverie ne sont-elles pas des « esquives » face au principe de réalité, au profit de l'irréel, et des obstacles à l'action, au profit de la contemplation et du repos ? Ne faut-il pas, comme nous dit souvent le bon sens commun, cesser de rêver pour agir, sortir de l'imaginaire pour œuvrer dans le réel ? C'est sur ces deux points en particulier que les partis-pris bachelardiens nous semblent les plus intéressants, et les plus prometteurs du point de vue d'une théorie renouvelée de la praxis, notamment parce qu'ils permettent de prendre une certaine distance avec les approches habituelles de l'action, de la pratique et de l'éthique, disponibles dans les débats académiques actuels, et par conséquent de repenser à nouveaux frais, sur la base d'autres prémisses, la question plus générale de l'agir. En inaugurant ce que Jean-Philippe Pierron nomme une « poétique de l'agir[2] », Bachelard nous invite à prendre au sérieux, et à examiner attentivement, le rôle déterminant et sous-estimé de l'imagination dans le processus intégral de l'action, sans pour autant renier les fonctions et les interventions du désir, des affects, de la perception, de la volonté, mais aussi de la raison.

2 J. Ph. Pierron, *Les puissances de l'imagination*, Paris, Cerf, 2012.

À rebours du clivage académique existant aujourd'hui entre, disons, pour schématiser à grands traits, une approche hyper-rationalisée de l'agir, que l'on retrouve dans les différentes versions de la théorie de l'agent rationnel, et dans bon nombre de conceptions communes de l'action et du projet, notamment dans le monde du travail et le management, et une approche plutôt empathique, intuitive, sensible, que l'on peut trouver dans les théories proches des éthiques du *care*, et parfois même dans certaines branches du développement personnel, au risque parfois d'un syncrétisme *new-age* plutôt confus, l'œuvre de Bachelard nous permet de faire un pas en arrière (ou de côté, peu importe !), et d'envisager une troisième voie, qui s'efforce de ménager sa juste place aux différentes composantes de cet être pluriel qu'est l'homme agissant.

En somme, plutôt que de nous donner une théorie « clés-en-mains » de la praxis, et une conception déterminée de l'action, de l'éthique ou de la politique, on peut considérer que Bachelard nous offre en fait l'opportunité de poser à nouveaux frais ces diverses questions relatives à l'agir et au « faire », en nous léguant non seulement un ensemble de remarques éparses (sur la constitution de soi comme sujet à travers l'activité scientifique et poétique, la subversion de la rationalité et de l'imaginaire dominants, la dynamique des actes novateurs), mais aussi un ensemble de questions (l'articulation des aspects pluriels de l'être humain), et surtout une manière de poser les problèmes (le pluralisme, le couple imaginaire-rationalité). Dans cette perspective, il n'est pas certain que les travaux du présent volume parviennent à dégager une image générale de la philosophie pratique de Bachelard, sous la forme logique achevée d'une doctrine théorique complète, avec ses thèses, ses arguments, ses présupposés. Une telle prétention serait ici abusive, et très probablement intenable, du fait du caractère non systématique de sa pensée, et parce qu'il s'agit plutôt pour nous d'ouvrir des pistes de réflexion, de susciter le questionnement, et de donner des repères à la fois conceptuels, historiques et intertextuels permettant de mieux s'orienter dans cette pensée complexe, et parfois assez déroutante. Que le lecteur ne se méprenne donc pas sur l'ambition des études proposées dans ce volume collectif, dont la portée réelle est plus programmatique et problématique, que véritablement thétique. Il s'agit principalement pour nous de baliser et de structurer un champ de réflexion qui demeure encore largement inexploré, méconnu, sous-estimé, à savoir la philosophie pratique de Bachelard. Nous serons déjà payés de nos peines si, au terme de la lecture des textes proposés ici, le lecteur sera disposé à reconsidérer et à examiner l'importance (relative, restons modestes !) de la contribution de cette œuvre singulière à la réflexion contemporaine sur l'action, que ce soit d'un point de vue individuel ou collectif, éthique ou politique, descriptif ou normatif, substantiel ou méta-éthique.

Aussi le lecteur retrouvera-t-il ici, dans les présentes contributions, sous des formes variées et à des degrés divers, tout ou partie des orientations nouvelles que nous souhaitons promouvoir à propos de la philosophie de l'action et de la praxis, en prenant Bachelard comme point de référence, à partir duquel faire rayonner le questionnement, et la réflexion.

Rodolphe Calin se propose tout d'abord, à la faveur d'un rapprochement entre la philosophie de Bachelard et la philosophie de la culture de Simmel, de comprendre le dualisme bachelardien entre la science et la poésie comme l'expression de deux manières conflictuelles d'envisager le rapport entre le sujet, d'un côté, et les formes de la culture entendues comme formes de l'esprit objectif de l'autre, et, partant de là, comme l'expression de deux manières de décrire la subjectivation du sujet à partir de ces formes. Il s'attache ensuite à l'une de ces deux formes de subjectivation, celle qui met en jeu le rapport entre le sujet et les images poétiques, rapport que Bachelard désigne sous le titre de « sincérité » (par opposition à la « feinte » qui caractérise le rapport entre le sujet et l'objet scientifique). Il s'agit alors de montrer que l'image, dans laquelle le moi se projette tout entier, n'en est pas cependant le reflet, mais, à la faveur d'un mouvement de variation qui prend la forme d'une sublimation, ce qui lui permet de se constituer comme sujet.

De son côté, Julien Lamy retrouve, selon une autre perspective, la question de la subjectivation, mais envisagée cette fois-ci comme un travail de transformation et de perfectionnement de soi, actualisant les potentialités étho-poïétiques de l'activité rationaliste, et de l'activité onirique. Assumant avec radicalité le postulat selon lequel « l'éthique bachelardienne ne peut se dire qu'au pluriel », en se déployant sous la forme d'une « polyéthique » dont on ne peut réduire la pluralité sans en falsifier le sens, et en étouffer les potentialités, il en propose une relecture « perfectionniste », inspirée en particulier par les analyses de Pierre Hadot, Michel Foucault, Stanley Cavell et Sandra Laugier. Il s'agit d'articuler la possibilité de la vie bonne, comprise comme promotion d'existence, avec la pratique d'exercices concrets permettant une transformation effective de l'individu, dans l'horizon d'un pluralisme cohérent des modes d'existence, et d'une pluralité ordonnée des formes du bien vivre. Et, par-là même, de pointer la singularité, ainsi que la fécondité, d'une éthique mixte traçant, à rebours d'une philosophie morale trop souvent prise dans un clivage stérile entre rationalisme et sentimentalisme, « une troisième voie, qui n'abandonne pas la morale à la relativité des représentations subjectives, ni à l'impersonnalité de la clarification conceptuelle », en assumant une réflexion sur l'expérience morale personnelle, à la fois vécue en première personne, et soutenue par les puissances de l'imagination.

Cette dimension de transformation de soi, que ce soit de notre être-au-monde en général ou de notre « ethos » en particulier, se trouve elle aussi envisagée dans la contribution d'Arnaud Bouaniche, mais cette fois-ci dialectiquement, à travers la relation de Bachelard et de Bergson, plus précisément à partir de l'expérience de la nouveauté, qui est centrale chez ces deux auteurs. À partir d'une description attentive de cette expérience, l'auteur distingue non seulement deux conceptions métaphysiques de la nouveauté – l'une « continue » et fondée sur la « perception » (Bergson), l'autre « discontinue » et rapportée à l'« imagination » (Bachelard) –, mais encore deux éthiques de la transformation, l'une centrée sur l'*histoire*, l'autre sur le *cosmos*.

Complétant à certains égards la précédente étude, Gilles Hieronimus montre pour sa part comment Bachelard renouvelle le questionnement sur l'acte libre comme capacité à commencer (*initiare*), en développant une singulière poétique de l'initiative, qui implique une théorie de l'action, couplée à une métaphysique de l'acte instantané. Élaborée à la faveur d'un dialogue critique avec Bergson et avec Sartre, qui sont renvoyés-dos-à-dos pour leurs positions opposées, mais également intellectualistes, cette poétique de l'initiative fait de l'imagination – et plus précisément de la rêverie (médiatisée par les images littéraires) – une fonction poético-pratique décisive : les images littéraires, supports et vecteurs d'une activité de transformation de soi et du monde, nous reconduisant à l'imaginaire comme à l'arrière-plan à travers lequel se préméditent et se préfigurent, en amont de l'agir effectif, nos initiatives les plus subversives, et surtout les plus novatrices.

Ludovic Duhem se propose, en esquissant une confrontation inédite et prometteuse entre Bachelard et Simondon, une réflexion sur ce qu'il nomme une « praxis des images », envisagée au quadruple sens d'une activité, d'une inventivité (technique notamment), d'une éthique, et d'une politique des images. Ayant ainsi relevé le « pluralisme sémantique propre à la praxis », également constitutif d'un « pluralisme pratique » (du fait de l'impossibilité de postuler la compatibilité et la cohérence *a priori* de ces différents champs), il se demande s'il existe une « praxis des images » qui serait propre à Simondon, et si cette dernière résulte de sa lecture de Bachelard. Chacun des sens possibles de la praxis donne alors lieu à une lecture comparative mettant au jour, par-delà certaines divergences bien réelles, des convergences insoupçonnées entre les deux auteurs, et aboutissent à souligner la remarquable aptitude de ces deux pensées à faire front commun, à l'époque de la « mondialisation iconique », devant le risque éthico-politique d'une « insensibilisation généralisée et d'un appauvrissement irréversible de l'imaginaire », en évitant aussi bien « la fuite irrationnelle et technophobe dans une nuit infinie » que « l'adhésion inconditionnelle à la profusion continue des images ».

Se focalisant pour sa part sur la « praxis *laborans* », et donc sur le travail, Jean-Philippe Pierron met au jour l'originalité féconde des analyses bachelardiennes sur le travail et son onirisme et, à travers ce prisme, sur le rôle de l'image dans sa dimension pratique. Délaissant une réflexion politique sur le travail et ses conditions sociales (Weil), et prenant ses distances avec l'approche trop métaphysique de *l'homo faber* (Bergson), Bachelard privilégie l'étude du travail dit manuel, ou plus largement le travail des matières, pour en souligner le potentiel humanisant et, de façon discrète, mais non moins effective, les vertus pratiques. Loin de cultiver quelque nostalgie des « métiers d'antan », il s'intéresse avant tout aux métiers de « haute cosmicité », ou à la dimension cosmique de tout métier, dès lors que ce dernier entretient un lien vivant et incarné, nourri par une imagination active, à des matières élémentaires, qui sont irréductibles à de simples matériaux pour l'homme qui sait bien rêver. Aussi ses analyses permettent-elles d'éclairer certaines difficultés éthiques et politiques liées aux formes contemporaines du travail, à une époque où le néo-libéralisme tente de « capter, pour la capturer, l'énergie onirique des travailleurs en la réduisant à la production d'un écart différenciant : l'innovation », induisant de la sorte une souffrance au travail qui est aux antipodes du travail heureux, libre et créatif, qui est promu et théorisé par Bachelard. Et de relever d'intéressantes résonances entre la pensée bachelardienne et certaines approches contemporaines, comme l'éthique des capacités d'une Martha Nussbaum, dans sa critique de la figure de l'*homo economicus* conçu comme idiot rationnel sevré de toute imagination empathique, ou comme l'éthique du *care*, auquel le souci bachelardien de « prendre soin » de l'imagination du travailleur fait à sa manière écho.

Enfin, on pourra lire chez Jean-Jacques Wunenburger une réflexion visant à montrer que l'imagination poétique chez Bachelard n'est pas seulement conçue comme une imagination rêveuse et purement oisive, dans la mesure où elle accompagne irrémédiablement le corps humain au travail, que celui-ci soit artistique ou artisanal, et engendre des imaginaires spécifiques de gestes, de postures, d'œuvres matérielles. Il s'agit ainsi de se demander tout particulièrement comment Bachelard relie l'*homo faber* à l'imagination, et comment l'imagination se développe en travaillant. Dans cette perspective, nous sommes invités à comprendre en quel sens et dans quelle mesure ces approches spécifiques de l'imagination pratique, replacée dans le « feu de l'action », épousant et innervant les gestes de l'homme au travail avec son corps, font finalement de Bachelard un témoin avisé et un interprète privilégié des sociétés préindustrielles, et de manière générale du travail de la main, au carrefour d'une réflexion plurielle qui engage non seulement les travaux de philosophes (Bergson, Simone Weil, etc.), mais aussi de mythologues (Eliade), d'ethnographes et de folkloristes (Varagnac), de préhistoriens (Leroi-Gourhan) contemporains. On pourrait même espérer trouver dans les suggestions de Bachelard des raisons, ainsi que des pistes de réflexion fécondes, pour penser de nos jours une réhabilitation de l'ouvrier et de l'artisan, dans un monde dominé par les technologies numériques, les normes techniques, et les procédures rationnelles.

Voici dessinées à grands traits les lignes de réflexion proposées dans le présent volume, qui cherche à ouvrir un nouvel espace de réflexion sur l'agir, selon un prisme bachelardien élargi, plutôt qu'à proposer une cartographie exhaustive des thèses, des arguments et des images que Bachelard nous propose à propos de l'action. Nous espérons que le lecteur pourra y trouver des ressources et des outils pour (re)penser le plus adéquatement possible la praxis, en suivant le réel selon ses articulations, à la façon du boucher platonicien, qui cherche à épouser la complexité de la réalité à laquelle il s'attache, sans forcer les choses en les conformant à un modèle théorique préétabli, ni passer à côté de ses détails significatifs, qui font sa richesse autant que son opacité. Il ne fait aucun doute que le détour par la pensée de Bachelard ne résoudra pas tous les problèmes théoriques concernant la pratique, ne permettra pas de réduire toutes les zones d'ombre de cette réalité intriquée que nous appelons l'action, la praxis, le « faire », dont les formes, les ressorts et les mécanismes ne se laissent pas si aisément arraisonner par la pensée et les concepts, ni même exprimer par les métaphores et les images. Mais gageons que les études proposées ici sauront apporter des éclairages inédits, et surtout utiles, pour celles et ceux qui cherchent à avoir des idées plus claires et plus distinctes sur cette réalité complexe et plurielle, parfois même contradictoire, le plus souvent déroutante, qu'est l'action de l'homme au sein du monde.

Gilles HIERONIMUS et Julien LAMY
Université de Lyon – IRPhiL

IMAGINATION ET SINCÉRITÉ

La subjectivation du sujet par l'image chez Bachelard

> La sincérité, d'un point de vue logique, ne semble s'appliquer qu'au rapport de la pensée à son expression. Mais elle a pourtant un autre sens, plus profond, qui n'a pas besoin de cette relation dualiste : la nature de l'âme – son unité sereine – qui s'exprime nécessairement, sans pouvoir faire autrement, dans cette adéquation de la pensée et de la parole.
> Georg SIMMEL, *Journal Posthume.*

> Par la feinte, le sujet s'installe dans un état d'esprit intellectuel, prêt à la critique, à la polémique. Il n'en sera pas de même si le sujet imagine vraiment dans l'unité de son âme, s'il imagine sincèrement – ce qui est un pléonasme, car que serait une imagination sans sincérité ? L'imagination se désigne comme une activité directe, immédiate, unitaire. C'est la faculté où l'être psychique a le plus d'unité et surtout où il tient vraiment le principe de son unité[1].

Ce passage de *L'air et les songes*, qui oppose, d'un côté, la feinte, qui pour Bachelard définit l'intellectualité même de l'esprit scientifique[2], et, de l'autre, la sincérité de l'activité imaginante, présente une formulation du dualisme bachelardien qui l'oriente clairement vers un dualisme des manières de se produire de la subjectivité. L'opposition de la science et de la poésie, des concepts et des images, de l'intellectualité critique et rectificatrice de la connaissance scientifique et de l'imagination créatrice, ressort ici clairement comme une opposition dans la manière

---

1 Gaston Bachelard, *L'air et les songes. Essai sur l'imagination du mouvement*, Paris, J. Corti, 1943, p. 134.

2 Sur la feinte, voir le chapitre IV de Bachelard, *Le rationalisme appliqué*, Paris, PUF, 1966, p. 65 *sq.*

dont se constitue, à chacun de ces deux pôles, la subjectivité. Dans le premier cas, le sujet, dans l'incessante rectification de ses concepts que lui impose la conquête d'une objectivité qui n'a rien d'immédiat mais prend l'allure d'« approximations de plus en plus fines[3] », doit sans cesse se défier de sa propre pensée, tenir en réserve, derrière sa visée première, des visées cachées. Il doit feindre, cacher sa pensée, être autre et plus que ce qu'il dit être. Il doit sans cesse se diviser en vue d'accéder à une existence supérieure, c'est-à-dire de substituer au psychisme contingent un psychisme normatif, constitué par les normalités de la science. Ici, le sujet se donne l'être en refusant l'être, il se constitue en renonçant à soi-même[4]. Or, à cette subjectivation par renoncement à soi-même s'oppose la constitution imaginante du soi, l'unification de l'être du soi par l'activité imaginante. Maintenant, au contraire, le sujet veut être soi, se produire tout entier, sans reste.

C'est à la subjectivation par l'image que nous nous intéresserons[5]. Mais il nous faut au préalable, afin d'en comprendre la teneur, préciser pourquoi le dualisme chez Bachelard en vient à prendre le sens d'un dualisme des modes de subjectivation. Vouloir être soi, ne pas vouloir l'être : une telle antinomie du rapport à soi-même qui, au cours de l'histoire moderne de la pensée, a pu connaître d'autres formulations et déductions, trouve ici sa justification dans le fait que le sujet ne se produit pas sans relation à une certaine extériorité. Malgré ce qui les oppose, l'existence scientifique et l'existence poétique ont en commun pour Bachelard de ne pouvoir se produire sans un rapport à autre chose qu'elles-mêmes, l'objet scientifique pour la première, l'image poétique pour la seconde : de même que « j'ai besoin de penser quelque chose pour me penser quelqu'un ; j'ai besoin d'un critérium de vérité objective

---

3 Id., *L'activité rationaliste de la physique contemporaine*, Paris, PUF, 1965, p. 13.

4 « L'effort métaphysique pour saisir l'être en nous-mêmes est donc une perspective de renoncements. Où trouver alors le sujet pur ? Comment puis-je me définir au terme d'une méditation où je n'ai cessé de déformer ma pensée ? Ce ne peut être qu'en poursuivant jusqu'à la limite cette déformation : je suis la limite de mes illusions perdues » (Id., *Études*, Paris, Vrin, 1970, p. 97).

5 Concernant la subjectivation du sujet par la connaissance scientifique chez Bachelard, voir nos articles « Feinte, intentionnalité et subjectivité selon Bachelard », in *Gaston Bachelard, Science et poétique, une nouvelle éthique ?*, J.J. Wunenburger (éd.), Paris, Hermann, 2013, p. 57-74, et « La subjectivation du sujet par la connaissance scientifique selon Bachelard », in *La subjectivation du sujet. Études sur les modalités du rapport à soi-même*, R. Calin et O. Tinland (éd.), Paris, Hermann, 2017, p. 97-119.

pour établir un critérium de la croyance intime[6] », de même, j'ai besoin d'imaginer l'image pour me constituer comme sujet :

> L'être du rêveur, écrit Bachelard, se constitue par les images qu'il suscite. L'image nous réveille de notre torpeur et notre réveil s'annonce en un cogito[7].

Nous ne sommes jamais d'emblée donnés à nous-mêmes, notre intériorité ne se constitue qu'en s'extériorisant. C'est d'ailleurs pourquoi il est ici légitime d'user de l'expression de « subjectivation du sujet » pour qualifier l'approche bachelardienne de ce dernier, cette expression signifiant que le sujet ne peut se trouver ni se définir d'emblée mais seulement au terme d'un processus. Mais cette subjectivation est double et antinomique, dans la mesure où le sujet bachelardien est confronté à l'extériorité de deux formes de la culture (la science et la poésie), les formes de celles-ci ayant pour caractéristique de se présenter sous forme de conflits. Il s'agit des deux seules formes auxquelles semble s'intéresser la « Kulturphilosophie » bachelardienne, qui, de ce point de vue, peut sembler étriquée, mais elles constituent en réalité pour Bachelard les formes les plus hautes de la culture et sont, à ce titre, celles à partir desquelles les autres peuvent être déduites, celles, par conséquent, à partir desquelles on peut appréhender le « tout » de la culture. Ces formes ne sont toutefois pas envisagées ici dans leur éternité ou leur anhistoricité, dans leur « éternel » conflit, à titre de principes d'organisation du monde obéissant à des légalités et à des fins distinctes difficiles à accorder entre elles, mais plutôt dans l'extrême conflit qui est le leur dans la culture contemporaine. La philosophie bachelardienne de la culture semble porter sur la science à l'époque contemporaine un jugement proche de celui de Simmel, qui voit en celle-ci l'expression la plus vive de la prépondérance de la culture objective (les produits de la culture comme productions de l'âme ou esprit subjectif qui, une fois devenus des contenus de l'esprit objectif, s'opposent à l'âme comme des normes dotées d'une validité en soi en lesquelles l'âme ne se reconnaît plus) sur la culture subjective (la culture comme perfectionnement de l'individu), qui marque selon lui la culture de son époque[8]. Les valeurs de pensée propres

---

6 G. Bachelard, *Études, Op. cit.*, p. 87-88.

7 Id., *La poétique de la rêverie*, Paris, PUF, Quadrige, 1960, p. 130.

8 « Parmi tous les domaines particuliers de la culture, il n'y en a pas un qui soit aussi indépendant à l'égard de la vie, aussi autonome, aucun qui repose dans un tel éloignement par rapport aux émotions et aux nécessités de la vie, aux individuations et aux destins de

à la science contemporaine n'ont rien à envier, en termes d'apodicticité, à l'apodicticité des principes logiques, et, comme eux, s'opposent, de toute leur normativité et leur idéalité, au psychisme contingent de l'individu[9]. C'est pourquoi la science signifie, pour la subjectivité, le moment d'une rupture anxieuse avec soi-même :

> L'anxiété qui saisit tout esprit devant la nécessité de corriger sa propre pensée et de sortir de soi pour trouver la vérité objective[10].

Or, si la science et la poésie s'opposent chez Bachelard au point que, comme le notait Dagognet, l'une devient comme l'envers isomorphe de l'autre, c'est au sens où au primat de l'esprit objectif sur l'esprit subjectif dans la science répond le primat de l'âme sur l'esprit objectif dans la poésie, voire la dissolution de l'esprit objectif dans la vie de l'âme. En effet, l'esprit objectif désigne ici l'image poétique, l'image-phrase à laquelle Bachelard réduit délibérément le poème, c'est-à-dire un produit fugace de la conscience, qui ne dure pas plus qu'elle, et ne risque pas ainsi de lui opposer son immuabilité, l'image réalisant l'union « d'une subjectivité pure mais éphémère et d'une réalité qui ne va pas jusqu'à sa complète constitution[11] ». Un produit dont la production n'est pas à proprement parler une *Entfremdung*, et qui, à ce titre, se situe à peine du côté de la culture objective. Science et poésie ne s'opposent donc pas chez Bachelard comme deux formes de l'esprit objectif, mais plutôt comme deux manières antinomiques et aussi unilatérales et excessives l'une que l'autre d'envisager le rapport entre l'âme et l'esprit objectif. Il en résulte alors, pour l'individu, dans sa relation à la science et à la poésie, une antinomie du souci de soi. Car si Bachelard ne renonce pas à penser le devenir soi du moi à partir de la science, si, en un sens – et tel est le sens de son psychologisme de la dépsychologisation –, il brise l'autonomie de la science par rapport à l'individu lorsqu'il affirme

---

la vie, que la connaissance » (Georg Simmel, *Philosophie de la modernité*, tr. J.L. Vieillard-Baron, Paris, Payot, 2004, p. 395).

9 « Les valeurs de connaissance attachées à une logique essentiellement normative ne sont pas d'une espèce différente des valeurs apodictique des mathématiques. Pas différentes non plus des valeurs apodictiques de l'organisation du phénomène scientifique, phénomène non seulement *informé* mais vraiment *constitué* par les *démonstrations* des sciences physiques » (G. Bachelard, *Le rationalisme appliqué, Op. cit.*, p. 120).

10 G. Bachelard, *La formation de l'esprit scientifique, Contribution à une psychanalyse de la connaissance objective*, Paris, Vrin, 1983, p. 209.

11 Id., *La poétique de l'espace*, Paris, PUF, 1957, p. 4.

qu'il n'y a pas de conscience « de la normalité du savoir sans référence à un désordre réduit[12] », que la norme est inséparable de l'histoire par laquelle l'individu rectifie ses erreurs, de sorte qu'ici la culture objective renvoie à la culture subjective, le processus de son objectivation venant à rencontrer celui de la subjectivation du sujet, cette dernière ne peut prendre d'autre forme que celle, paradoxale, d'un renoncement à soi-même. Au contraire, du côté de l'image poétique au niveau de laquelle « la dualité du sujet et de l'objet est irisée, miroitante, sans cesse active dans ses inversions[13] », où l'esprit objectif n'est jamais pris en défaut d'âme dans la mesure où celle-ci et celui-là ne sont jamais franchement distingués, la subjectivation du sujet prend la forme d'un rapport plein et unitaire de soi à soi.

C'est ce rapport plein et unitaire, que Bachelard décrit comme « sincérité », que nous allons expliciter. Alors que la pensée engagée dans la construction de l'objet scientifique doit toujours se tenir prête à réviser sa visée, et tenir en réserve des pensées cachées[14], la pensée de l'image est sans « cachotteries », sans arrière-pensées, car son produit n'excède jamais sa visée. C'est la raison pour laquelle le moi est, au sens fort du terme, le *subjectum* de sa pensée. Car si le sujet de la science est second par rapport à la « puissance *objectivement* créatrice de la culture scientifique[15] », par rapport aux « *normalités* de la pensée scientifique[16] » qui sont le produit, non d'une opération subjective de constitution, mais d'une « activité interconceptuelle[17] » – le concept scientifique ne recevant pas son apodicticité de sa relation à un sujet pur mais, à titre de « concept d'interconnexions[18] », de sa relation à d'autres concepts dans des « corrélations algébriques[19] » –, s'il doit régler son « ontogénie[20] »

12 Id., *Études, Op. cit.*, p. 95.

13 Id., *La poétique de l'espace, Op. cit.*, p. 4.

14 « L'engagement objectif se fortifie dans une échelle de précision, dans la succession d'approximations de plus en plus fines, approximations qui sont attachées à un même objet et qui cependant se désignent les unes après les autres comme des niveaux différents de la connaissance objective. En suivant une telle perspective des niveaux objectifs ordonnés, l'esprit est exercé dans une discipline de rectification » (Id., *L'activité rationaliste de la physique contemporaine, Op. cit.*, p. 13.

15 *Ibid.*, p. 3, ns.

16 *Ibid.*

17 Id., *Le rationalisme appliqué, Op. cit.*, p. 145.

18 *Ibid.*

19 *Ibid.*, p. 146.

20 Id., *L'activité rationaliste de la physique contemporaine, Op. cit.*, p. 3.

sur une pensée dont il n'est ni la cause ni l'agent, au contraire, le sujet imaginant, quand même l'image ne serait que son œuvre de lecteur et non de créateur, et quand même ce dernier ne serait que le langage comme réservoir anonyme de métaphores usées, est bien le sujet de sa pensée :

> De ces poncifs, je fais alors une image sincère, une image qui est mienne, aussi mienne que si je l'inventais moi-même, suivant ma douce manie de croire être toujours le sujet de ce que je pense[21].

Cette « douce manie » qu'est devenue, depuis sa dénonciation nietzschéenne, notre « habitude grammaticale » de poser un auteur pour un faire, un pensant sous une pensée, trouve ici sa justification dans le fait que l'image a pour contenu la vie subjective elle-même. L'image n'est pas en effet le reflet du monde extérieur[22], mais le sujet transporté dans les choses, la projection de nos impressions, voire de notre être tout entier, sur le monde extérieur[23]. Le caractère subjectif de l'image en marque le dynamisme intérieur, qui donne du mouvement à ce qui, sans lui, resterait inerte, ou dans lequel il convient de replonger tout mouvement externe auquel emprunterait l'image mais qui, à lui seul, ne peut suffire à lui donner clarté, unité et cohérence : ainsi, le rêve de vol est mal concrétisé par l'image des ailes battantes, image sans réelle consistance dont le mouvement satisferait sans doute une imagination visuelle, mais qu'aucun rêveur ne saurait *vivre*, parce qu'elle schématise mal l'instinct de légèreté qui l'anime ; il faut leur préférer les ailes minuscules qui s'attachent aux talons de Mercure :

> Nous n'hésiterions guère à faire de ces petites ailes [...] le signe de la sincérité du rêveur. Quand un poète, dans ses images, sait suggérer ces ailes minuscules, on peut avoir quelque garantie que son poème est en liaison avec une image dynamique vécue. Alors il n'est pas rare que l'on reconnaisse à ces images poétiques une consistance particulière qui n'appartient pas à des images assemblées par la fantaisie[24].

La sincérité s'entend alors comme l'exigence de replacer l'image dans le dynamisme de la vie subjective, écartant ainsi l'imagination de

21 Id., *La poétique de l'espace*, *Op. cit.*, p. 43.
22 Id., *L'air et les songes. Essai sur l'imagination du mouvement.*, *Op. cit.*, p. 52.
23 *Cf.*, *ibid.*, p. 13.
24 *Ibid.*, p. 39.

l'arbitraire des jeux de la *fantaisie* qui assemble, de l'extérieur, des éléments disparates, toujours déjà, en un sens, sur le point de se séparer. La fantaisie ne donne pas la mesure de l'imagination créatrice, parce qu'elle manque d'un principe spirituel interne, de sorte que ses montages, si extravagants soient-ils, ne nous affranchissent pas du monde objectif, du monde éparpillé « en choses disparates, en solides immobiles et inertes, en objets étrangers à nous-mêmes[25] ». La sincérité impose ainsi au poète ou au lecteur de poèmes de *projeter* son être dans l'image, c'est-à-dire de ne pas s'en remettre aux habitudes rhétoriques, non seulement parce que l'habitude est pour Bachelard une marque d'inertie psychique[26], mais encore parce qu'il s'agit de ne pas se contenter d'images toutes faites, comme l'image des ailes, qui ne sont pas seulement vaines, mais également obscures tant qu'elles sont détachées de tout mouvement vécu.

Cette description bachelardienne de l'imagination comme expression du dynamisme intérieur de l'être psychique renvoie à une lecture schopenhauerienne du rapport entre psychisme et image :

> Les poèmes seuls peuvent produire au jour les forces cachées de la vie spirituelle. Ils sont, au sens schopenhauerien du terme, le phénomène de ces forces psychiques[27].

Ainsi, de même que Schopenhauer pouvait écrire que le surgissement d'un acte de volonté dans la conscience opérait « un passage immédiat de la chose en soi et non temporelle dans le phénomène[28] », de même, Bachelard souligne, à propos de l'acte de parole – l'image étant pour lui avant tout non l'image vue, mais l'image parlée – que, « nulle part, dans tout le règne de la volonté, le trajet n'est plus court qui va de la

25 Id., *L'eau et les rêves. Essai sur l'imagination de la matière*, Paris, J. Corti, 1942, p. 17.

26 *Cf.*, Id., *L'air et les songes. Essai sur l'imagination du mouvement, Op. cit.*, p. 19.

27 *Ibid.* p. 52. Cette lecture schopenhauerienne de l'image est en même temps une critique de Schopenhauer, dans la mesure où chez ce dernier l'expérience esthétique correspond au moment de la négation de la volonté. Bachelard reproche ainsi, à plusieurs reprises, à Schopenhauer, d'avoir dissocié la contemplation de la volonté : « La philosophie de Schopenhauer a montré que la contemplation esthétique apaise un instant le malheur des hommes en les détachant du drame de la volonté. Cette séparation de la contemplation et de la volonté efface un caractère que nous voudrions souligner : la volonté de contempler. La contemplation elle aussi détermine la volonté. L'homme veut voir. Voir est un besoin direct. La curiosité dynamise l'esprit humain », Id., *L'eau et les rêves. Essai sur l'imagination de la matière, Op. cit.*, p. 41.

28 Arthur Schopenhauer, *Le monde comme volonté et comme représentation*, trad. fr. Burdeau, Paris, PUF, 1966, p. 893.

volonté à son phénomène[29] ». Cette référence à Schopenhauer explique qu'il faille pour Bachelard unir l'imagination et la volonté :

> La volonté, si on la saisit dans l'acte de la parole, apparaît dans son être inconditionné. C'est là qu'il faut chercher le sens de l'ontogénèse poétique, le trait d'union des deux puissances radicales que sont la volonté et l'imagination[30].

Or, c'est à partir de cette union que se manifeste, dans toute sa radicalité, le caractère subjectif de l'image poétique. En effet, appréhender le sujet seulement comme imagination dynamique conduirait certes à exalter le psychisme, mais pour le tourner aussitôt vers les images qui en sont le produit et dont le contenu ne renvoie pas immédiatement à cette productivité psychique. En revanche, appréhender l'imagination comme volonté impose de considérer les images comme l'expression de la force psychique subjective, et de leur donner cette force pour contenu.

Pourtant, il n'y va pas seulement d'une subjectivation *de* l'image, de la référence de toute image à une image dynamique vécue, mais encore d'une subjectivation du sujet *par* l'image – s'il est vrai que le sujet imaginant est constitué par les images qu'il suscite. S'il faut donc référer l'image au sujet, il faut en retour référer le sujet à l'image, non certes comme à un objet qui lui ferait face dans son altérité, mais comme à un lieu qui l'accueille et lui permet de se constituer. En toute rigueur, le sujet ne se tient pas *sous* l'image, mais plutôt *en* elle. Toute rêverie est spatialisante, et une poétique de la rêverie est toujours à ce titre en même temps une poétique de l'espace. Or l'espace qu'ouvre la rêverie est l'espace du chez soi, c'est-à-dire :

> Un milieu sans obstacles où aucun être ne dit non. [...] L'homme de la rêverie est toujours dans l'espace d'un volume. Habitant vraiment tout le volume de son espace, l'homme de la rêverie est de toute part *dans* son monde, dans un *dedans* qui n'a pas de *dehors*. [...] Le monde ne lui fait plus vis-à-vis. Le moi ne s'oppose plus au monde. Dans la rêverie, il n'y a plus de non-moi. Dans la rêverie, le *non* n'a plus de fonction : tout est accueil[31].

L'espace d'un volume, l'espace qu'occupe le corps, c'est aussi l'espace de l'enroulement sur soi-même du corps – *volumen* signifie « chose

29 G. Bachelard, *L'air et les songes. Essai sur l'imagination du mouvement, Op. cit.*, p. 276.
30 *Ibid.*
31 Id., *La poétique de la rêverie, Op. cit.*, p. 144.

enroulée » –, et habiter tout le volume de son espace, c'est y accomplir une involution en soi-même, entrer en contact avec soi. C'est bien en ces termes que Bachelard décrit le repos, autre nom de l'intimité, un repos qui, chez l'homme, n'est pas inertie mais « qui a une *intensité*[32] » :

> Pris dans ses aspects humains, le repos est dominé nécessairement par un psychisme *involutif*. Le repliement sur soi ne peut pas toujours rester abstrait. Il prend les allures de l'*enroulement* sur soi-même, d'un corps qui devient objet pour soi-même, qui se touche soi-même[33].

Ainsi la rêverie ouvre-t-elle au moi l'espace où il peut accomplir un mouvement vers soi, l'espace d'une auto-affection, cet espace du dedans que réclame l'affectivité pour donner naissance au sujet. Cet espace est celui de la maison. Toute image est cosmique :

> Même dans des images isolées, on sent en action ces fonctions cosmiques de la littérature. Une image littéraire suffit parfois à nous transporter d'un univers dans un autre[34].

Or son cosmos est d'abord celui de la maison : « …la maison est notre coin du monde. […] Elle est un vrai cosmos. Un cosmos dans toute l'acception du terme[35] ». Il y a certes, précise Bachelard, des images qui ouvrent des espaces d'hostilité, mais, ajoute-t-il, « dans le règne des images[36] », l'intimité l'emporte sur l'extériorité. Ainsi, si « tout espace vraiment habité porte l'essence de la notion de maison[37] », et si l'image ouvre au rêveur un espace dont il occupe tout le volume, alors toute image porte l'essence de la notion de maison. Toute image est, en ce sens, une maison. Dès lors, c'est parce que toute image est une maison qu'elle est ce qui permet au sujet d'accomplir sa subjectivation : elle lui permet d'être soi en étant chez soi, dans l'espace même de l'identification à soi-même qu'est la maison. Il faut d'ailleurs noter ici que cette subjectivation qui s'opère par l'image permet de souligner le propre de l'intentionnalité imageante. Remettre en conscience première la création

32 Id., *La terre et les rêveries du repos. Essai sur les images de l'intimité*, Paris, J. Corti, 1948., p. 5.
33 *Ibid.*
34 Id., *L'air et les songes. Essai sur l'imagination du mouvement, Op. cit.*, p. 284.
35 Id., *La poétique de l'espace, Op. cit.*, p. 24.
36 *Ibid.*, p. 17.
37 *Ibid.*, p. 24.

des belles images, comme y invite la phénoménologie bachelardienne de l'image, c'est habiter le monde de l'image, c'est y être chez soi. En ce sens, l'intentionnalité imageante se distingue de toute intentionnalité constituante, dans la mesure où elle se produit non pas comme représentation ou constitution, mais comme habitation. Ici, comme l'affirmait Levinas à propos de l'intentionnalité de la jouissance dans *Totalité et Infini*, le constitué conditionne et constitue le constituant : l'objet que je vise, l'image, me constitue comme sujet capable de la viser : elle me donne un soi en m'offrant son chez soi.

C'est dans l'image ainsi comprise que le moi a le plus d'unité et tient le principe de son unité. Pourtant, cette unité est conquise à la faveur d'un mouvement de repli sur soi-même, d'un mouvement d'introversion. Or, la subjectivation du sujet par l'image s'entend aussi au sens de la transformation et de l'élévation du moi, notions que nous pouvons rassembler sous celle de « sublimation », qui les contient en effet et qui est, par ailleurs, fréquemment mobilisée par Bachelard :

> La fonction principale de la poésie, c'est de nous transformer. Elle est l'œuvre humaine qui nous transforme le plus vite : un poème y suffit[38].

Est-il permis d'apercevoir une transformation, le passage d'une manière d'être à une autre dans cette « rondeur du moi » – « car vécu du dedans, sans extériorité, l'être ne saurait être que rond[39] » –, dans ce repli sur soi rendu possible par le non-moi accueillant de l'image ? La subjectivation du sujet par l'image consiste moins, semble-t-il, à nous transformer qu'à « nous donner à nous-mêmes une *première constitution*, à affirmer notre être intimement, par le dedans[40] » ; elle prend davantage le sens d'une substantification du moi que d'une transsubstantiation substantielle – s'il est permis ici de faire entendre la signification alchimique de la sublimation. Et comment, par ailleurs, saisir une quelconque orientation progrédiente, typique de la sublimation, dans cet enroulement sur soi-même du moi, dans le « psychisme involutif » du repos ? On dira que transformation et élévation se sont déjà produites, dans la mesure où c'est bien par l'imagination, et non depuis le monde plat de la perception que le moi s'affirme par le dedans, qu'il habite

38 Id., *Lautréamont*, Paris, J. Corti, 1939, p. 105.

39 Id., *La poétique de l'espace, Op. cit.*, p. 213.

40 *Ibid.*, 210, ns.

son « premier monde[41] », celui de l'être chez soi, si bien que ce premier monde ou cette première constitution du moi n'ont paradoxalement rien d'immédiat et confèrent au moi « un être nouveau[42] » relativement à celui qui est le sien dans le monde de la perception et du souvenir – la maison imaginée n'étant précisément pas la maison natale, la maison du souvenir, mais la maison onirique, située « au-delà du passé vrai[43] », « hors de l'être de notre propre vécu[44] ». Pourtant, l'être transformé par l'imagination est également un être qui doit se transformer *sans cesse*, s'il est vrai que l'imagination est moins la « faculté de *former* des images » que la « faculté de nous libérer des images premières, de *changer* les images[45] ». Mais comment envisager ici la sublimation ? On ne saurait l'envisager à la manière de celle qui se produit sur le versant de la connaissance objective, où prévaut une « sublimation dialectique[46] » procédant d'un « refoulement conscient », d'une « volonté constante de redressement[47] » en quoi consiste la rectification des erreurs objectives, par opposition à la sublimation en son sens strictement psychanalytique que Bachelard qualifie de « sublimation continue », dans la mesure où elle « garde le contact avec la vie des passions[48] », et qui est au fond illusoire et régressive, puisque, comme le travail du rêve (car c'est bien du rapport montrer-cacher typique du travail du rêve que Bachelard semble rapprocher la sublimation telle que, selon lui, la décrit la psychanalyse classique), elle n'est qu'une « illusion qui couvre et qui compense un instinct désavoué[49] ». Cela reviendrait en effet à concevoir la subjectivation du sujet par l'image sur le modèle de sa subjectivation par la connaissance scientifique, qui est *normalisante*, car elle consiste en la substitution au psychisme contingent d'un psychisme qui se compose « dans les belles formes de la pensée rationnelle[50] ». Il est vrai que Bachelard fait de cette volonté de redressement un trait général du psychisme, qu'il s'agisse du psychisme des concepts ou du psychisme des

41 *Ibid.*, p. 26.
42 *Ibid.*, p. 12.
43 *Ibid.*, p. 33.
44 Id., *Fragments d'une poétique du feu*, Paris, PUF, 1988, p. 39-40.
45 Id., *L'air et les songes. Essai sur l'imagination du mouvement, Op. cit.*, p. 7.
46 Id., *La psychanalyse du feu, Op. cit.*, p. 164.
47 *Ibid.*, p. 165.
48 *Ibid.*, p. 163-164.
49 Id., *L'air et les songes. Essai sur l'imagination du mouvement, Op. cit.*, p. 142.
50 Id., *Le rationalisme appliqué, Op. cit.*, p. 15.

images. Par ailleurs, il voit dans la méthode du rêve éveillé de Robert Desoille la possibilité d'une cure psychanalytique dont la finalité serait la sublimation (ce qui n'est pas le cas de la cure selon la psychanalyse classique), « une sublimation autonome qui soit une véritable éducation de l'imagination[51] ». La psychologie de l'esprit scientifique comme celle de l'âme poétique relèveraient ainsi toutes deux d'une « psychologie normative[52] ». On chercherait pourtant en vain dans l'objet poétique, c'est-à-dire dans l'image isolée, qui tire sa force des forces du psychisme, un caractère normatif, et dans le rapport que le moi entretient avec elle, une quelconque exigence de normalisation, si par là on entend une obligation et une coercition. Autrement dit, à l'opposition de la feinte et de la sincérité doit correspondre une opposition entre la sublimation intellectuelle et la sublimation poétique.

On sait que pour Freud la sublimation, comprise comme un processus par lequel la libido d'objet se dirige vers un but desexualisé, se produit à la faveur de la transformation de la libido d'objet sexuelle en libido narcissique, c'est-à-dire lorsque le Moi adopte les traits de l'objet et s'offre alors au Ça comme objet d'amour :

> La transposition de la libido d'objet en libido narcissique, qui se produit ici, comporte manifestement un abandon des buts sexuels, une désexualisation, donc une espèce de sublimation[53].

Un passage de *L'eau et les rêves* consacré au mythe de Narcisse, que l'on nous permettra de citer un peu longuement, nous semble pouvoir être lu à la lumière de ces considérations. Bachelard y établit à son tour un lien entre narcissisme et sublimation, en passant par l'idée d'idéalisation (que Freud, cependant, dans *Pour introduire le narcissisme*, distinguait expressément de la sublimation), à la faveur de la relation que Narcisse entretient avec ses propres images, qui sont ses doubles idéalisés. Or, si l'image est le moi projeté dans les choses, et si, par ailleurs, l'image, qui vient inquiéter le réel par son irréalité, en opère l'idéalisation même[54], rien n'interdit alors de la considérer comme le double idéalisé du moi,

---

51 Id., *La terre et les rêveries de la volonté. Essai sur l'imagination de la matière*, Paris, J. Corti, 1947, p. 135.

52 *Ibid.*, p. 106.

53 Sigmund Freud, *Essais de psychanalyse*, Paris, Payot, 1981, p. 242.

54 *Cf.*, G. Bachelard, *L'air et les songes. Essai sur l'imagination du mouvement, Op. cit.*, p. 173 : « L'idéal, c'est de faire l'être aussi grand, aussi vif que ses images ».

et de lire par conséquent ces pages consacrées au mythe de Narcisse comme la description paradigmatique de la relation qui existe entre le moi et l'image. C'est sans doute ce que vise Bachelard en soulignant l'importance d'un tel narcissisme pour une psychologie de l'imagination – psychologie qui, par là même, ne saurait à proprement parler être dite « normative », comme le montre précisément l'idée d'une sublimation *pour* un idéal opposée à la sublimation *contre* les instincts :

> Narcisse va donc à la fontaine secrète, au fond des bois. Là seulement, il sent qu'il est *naturellement* doublé. [...] Près de la fontaine prend ainsi naissance un *narcissisme idéalisant* dont nous voudrions montrer l'importance pour une psychologie de l'imagination. Cela nous semble d'autant plus nécessaire que la psychanalyse classique paraît sous-estimer le rôle de cette idéalisation. En effet, le narcissisme n'est pas toujours névrosant. Il joue aussi un rôle positif dans l'œuvre esthétique, et par des transpositions rapides, dans l'œuvre littéraire. La sublimation n'est pas toujours la négation d'un désir ; elle ne se présente pas toujours comme une sublimation *contre* des instincts. Elle peut être une sublimation *pour* un idéal. Alors Narcisse ne dit plus : « Je m'aime tel que je suis », il dit : « Je suis tel que je m'aime. » Je suis avec effervescence parce que je m'aime avec ferveur. Je veux paraître, donc je dois augmenter ma parure. Ainsi la vie s'illustre, la vie se couvre d'images. La vie pousse ; elle transforme l'être ; la vie prend des blancheurs ; la vie fleurit ; l'imagination s'ouvre aux plus lointaines métaphores ; elle participe à la vie de toutes les fleurs. Avec cette dynamique florale la vie réelle prend un nouvel essor. La vie réelle se porte mieux si on lui donne ses justes vacances d'irréalité[55].

Il n'y a rien de surprenant à voir surgir le narcissisme dans une conception de l'intentionnalité pour laquelle objet et sujet ne cessent d'échanger leurs rôles, où les images dans lesquelles se projette le moi sont, à ce titre, toujours en même temps des images de soi. Un tel narcissisme est non névrosant au sens où l'entendait Freud dans la mesure où, dans cette dualité sujet-objet « irisée, miroitante[56] », la libido ne perd pas sa mobilité en refluant vers le moi[57], celui-ci ne cessant de se projeter dans des images qui le doublent et l'augmentent. Car ce qui est ici significatif est en effet ce besoin de paraître, d'augmenter sa parure, qui permet de parler d'un narcissisme idéalisant, mais qui, par-dessus tout, constitue

55 Id., *L'eau et les rêves. Essai sur l'imagination de la matière*, *Op. cit.*, p. 35.

56 Id., *La poétique de l'espace, Op. cit.* p. 4.

57 Selon Freud, « c'est cette diminution de la mobilité de la libido qui devient pathogène », *Introduction à la psychanalyse*, tr. S. Jankélévitch, Paris, Petite bibliothèque Payot, 1964, p. 398.

pour Bachelard le propre de l'imagination littéraire : « ...la vie littéraire est parure, ostentation, exubérance[58] ». C'est à partir de cette monstration exubérante, qui marque l'extrême mobilité de l'intentionnalité imaginante, multipliant sans fin les « investissements d'objets », et non plus à partir de ce refoulement conscient à l'œuvre dans la rectification des erreurs objectives, que l'on peut faire droit à l'idée d'une « sublimation dialectique », libre à l'égard de la relation montrer-cacher qui caractérise encore selon Bachelard la sublimation telle que l'entend la psychanalyse classique. Cette critique adressée à la psychanalyse est d'ailleurs loin d'aller de soi, si l'on veut bien distinguer la sublimation du symptôme et si, à la limite, comme le souligne Jean Laplanche, le processus de la sublimation se marque par l'oubli de son point de départ :

> Si on va au fond des formulations et des exemples freudiens, on arrive à un paradoxe beaucoup plus gênant : il ne s'agit pas simplement de substituer un but à un autre dans un mouvement pulsionnel qui resterait dans l'ensemble le même ; il ne reste dans le sublimé *ni* le but, *ni* l'objet, *ni* même la source de la pulsion, si bien que nous sommes supposés retrouver finalement la seule « énergie sexuelle » ; mais une énergie sexuelle... elle-même « désexualisée », déqualifiée, mise au service d'activités non-sexuelles[59].

Une note isolée des *Fragments d'une poétique du feu* souligne à cet égard avec beaucoup de profondeur ce paradoxe constitutif du processus de la sublimation : « Pour bien monter il faut partir de très bas. Pour bien monter il faut oublier le très bas[60] ». Un tel paradoxe permet d'envisager – et là se situe à nos yeux l'originalité de la reprise bachelardienne du concept de sublimation – l'idée d'une monstration qui ne cache rien, d'une relation à l'objet sublimé qui ne masque plus les pulsions et n'en est plus, par conséquent, la négation ni le masque, une « *sublimation pure*, [...] qui ne sublime rien[61] ». Il y aurait là d'ailleurs, pour une

58 G. Bachelard, *La terre et les rêveries de la volonté. Essai sur l'imagination de la matière*, *Op. cit.*, p. 76. *Cf.* aussi, Bachelard, *Fragments d'une poétique du Feu, Op. cit.*, p. 51-52 : « "Tu montres trop, donc tu caches." Tel est le jugement que le psychanalyste prononce *contre* son patient. [...] Quand l'expression multiplie les nuances, quand elle nuance des nuances, le psychanalyste voit là un écran bariolé, un écran installé par un refoulement subtil. [...] Mais poser le problème sous le signe d'une pensée habile à préserver des secrets ne tient pas compte de l'exubérance des paroles qui imaginent. ».

59 Jean Laplanche, *Problématiques III. La sublimation*, Paris, PUF, 1983, p. 122.

60 G. Bachelard, *Fragments d'une poétique du feu, Op. cit.*, p. 53.

61 Id., *La poétique de l'espace*, *op. cit.*, p. 12.

philosophie de l'imagination créatrice, de quoi élaborer à nouveaux frais la « différence radicale[62] » qui, selon Bachelard, existe entre le rêve nocturne et la rêverie poétique, en soulignant que le premier, dont le travail est analogue à celui de la formation de symptôme, consiste en une figuration substitutive par laquelle, en s'imageant visuellement, et donc en se dissimulant, les pensées du rêve permettent au désir qu'elles expriment de s'accomplir, figuration qui n'a rien de créateur dans la mesure où elle est l'œuvre d'une fantaisie qui se contente d'assembler des matériaux disparates préexistants, tandis que la seconde ne cesse de déréaliser le matériel fourni par la perception et affirme par là son caractère producteur.

L'image, phénomène immédiat de la volonté, ne masque pas la vie profonde du sujet ; elle donne au contraire au sujet une vie de surface, une vie à la surface, sans souci de la profondeur – une vie d'exhibition, de parure. Surface où l'être peut sans doute avoir la tentation de se cacher, où la possibilité de se cacher demeure, mais où il veut d'abord se montrer, paraître. Il y a dans l'image davantage de monstration que de dissimulation :

> L'image [...] a sans doute un sens dans la vie inconsciente, elle désigne sans doute des instincts profonds. Mais, en plus, elle vit d'un besoin positif d'imaginer. Elle peut servir dialectiquement à cacher et à montrer. Mais il faut montrer beaucoup pour cacher un peu et c'est du côté de cette montre prodigieuse que nous avons à étudier l'imagination[63].

La critique bachelardienne de l'approche psychanalytique de l'image a donc pour effet de rendre inopérante, pour décrire la vie poétique du sujet, la phénoménologie du masque que Bachelard, dans sa préface à l'ouvrage de R. Kuhn qui porte le même nom, avait explicitée en la ramenant à la dialectique de la feinte et de la sincérité. La « phénoménologie de l'être qui dissimule[64] » convient davantage à la phénoménologie de l'esprit scientifique qu'à celle de l'esprit poétique. Cette critique nous impose par conséquent de penser la transformation du moi non pas comme étant solidaire d'inhibitions, fussent-elles « solides et claires[65] », comme l'exige le refoulement conscient des erreurs objectives, mais comme

62 Id., *La poétique de la rêverie, Op. cit.*, p. 129.

63 Id., *La terre et les rêveries de la volonté. Essai sur l'imagination de la matière, Op. cit.*, p. 76.

64 Id., *Le droit de rêver*, Paris, PUF, Quadrige, 2001, p. 204.

65 Id., *La psychanalyse du feu, Op. cit.*, p. 164.

résidant tout entière dans une monstration. Le moi qui se projette dans l'image se transforme en augmentant et en faisant varier les images. On suivra ainsi par exemple les variations que connaît la dialectique de la maison et de l'univers dans le chapitre II de *La poétique de l'espace*, depuis l'attaque de l'hiver qui renforce les valeurs d'intimité et ne donne lieu encore à aucune lutte, jusqu'à l'affrontement de la tempête où la maison « se serre contre son habitant, [...] devient la cellule d'un corps avec ses murs proches[66] ». On a ici un bel exemple de « redressement », puisque le moi, littéralement, se redresse, les images du moi rassemblé sur soi dans la maison devenant des images de la hauteur, du corps debout dans la tempête, mais l'essentiel est peut-être moins ici l'idée de hauteur, certes importante chez Bachelard, que l'idée de variation à la faveur de laquelle il devient possible de concevoir comment le moi se transforme, c'est-à-dire comment le *même*, rassemblé sur soi, sans dehors, cherche l'*autre* ; ou encore, comment le moi substantif, ce moi *subjectum* de l'image, loin de s'appesantir sur lui-même, multiplie ses qualités et, par là même, se désubstantialise. À propos de l'imagination de la qualité, et l'imagination dans son exubérance n'est jamais autre chose qu'une imagination de la qualité, Bachelard écrit en effet :

> On fait preuve d'imagination en raffinant sur la sensation, en débloquant la grossièreté sensible (couleurs ou parfums) pour vanter les nuances, les bouquets. On cherche l'*autre* au sein du *même*. [...] En effet, à quoi pourrait bien servir, dans le règne de l'imagination, le nom pourvu d'un adjectif unique ? L'adjectif ne serait-il pas alors immédiatement absorbé dans le nom ; comment l'adjectif résisterait-il à cette absorption[67] ?.

De lui-même, le moi imaginant pourrait dire, à la manière de Nietzsche : « Pauvre de moi, je suis une nuance ».

Telle est la subjectivation qui s'accomplit à partir de l'image. Si le moi se projette dans l'image, ce n'est pas dire que l'image n'en serait que la reproduction, puisque dans cette projection même, le moi se transforme. L'image, qui est le double du moi, n'en est pas le reflet. Sujet de l'image, le moi ne l'est pas au sens où il serait déjà constitué avant même de se projeter en elle, au sens d'un donné qu'il s'agirait de refléter. Il ne se constitue que de manière progressive, et jamais définitive, en

66 Id., *La poétique de l'espace, Op. cit.*, p. 57.
67 Id., *La terre et les rêveries du repos. Essai sur les images de l'intimité, Op. cit.*, p. 83.

faisant varier les images. Comme nous l'indiquions en commençant, il en va bien du sujet dans son rapport à l'image comme du sujet dans son rapport à l'objectivité scientifique, qui ne se précise qu'à mesure que se précise le processus d'objectivation, et ce bien que la subjectivation par l'image poétique et la subjectivation par l'objet scientifique s'orientent à rebours l'une de l'autre. Par là, Bachelard s'accorde avec Cassirer, qui ne considérait les formes de la culture « ni comme une simple expression de l'intérieur ni comme la reproduction des figures d'une réalité extérieure[68] », mais comme une manière chaque fois nouvelle d'établir leur domaine, de définir le moi et le non-moi. Il reste que, à la différence de Cassirer, il n'a pas posé – et a même récusé – la question de savoir :

> Comment ces formes différentes de conception du moi et du monde peuvent être unifiées – non pas de savoir si elles reproduisent une seule et même « chose » existant en soi, mais si elles se complètent pour former une totalité et un système unique des activités de l'esprit[69].

La raison en est, pensons-nous, que si l'on envisage réellement les formes de la culture comme différents modes de subjectivation du sujet, comme des moyens par lesquels le sujet accomplit son mouvement vers soi – et c'est bien cette approche de la culture à partir de la subjectivation ou de l'accomplissement de soi qui fait ressortir toute la richesse de son concept[70] –, et non d'abord comme des formes de l'esprit objectif, comme c'est le cas chez Cassirer malgré son insistance sur le fait que le sujet trouve une manière d'être nouvelle dans chaque forme nouvelle, la question de leur unité ne se pose pas. En effet, dans la mesure où le point de vue qui domine est celui du sujet, de sa venue à soi à partir des formes de l'esprit objectif, on ne saurait se mettre en quête d'un moment immanent à chacune de ces formes susceptible d'en assurer l'unité (comme l'est la notion de symbole chez Cassirer), car ce serait laisser se déployer de manière autonome la logique intrinsèque à

68 Ernst Cassirer, *La philosophie des formes symboliques. 1. Le langage*, tr. J. Lacoste, Paris, Minuit, 1972, p. 35.

69 *Ibid.*, p. 33-34.

70 Comme l'écrit Simmel à propos du concept de culture : « Toute la richesse réalisée dans ce concept consiste en ceci : que des productions objectives, sans rien perdre de leur objectivité, se trouvent intégrées dans le processus d'accomplissement des sujets, lui servant de voie ou de moyen », Georg Simmel, *La tragédie de la culture et autres essais*, tr. S. Comille et P. Ivernel, Paris, Rivages, 1988, p. 213.

l'esprit objectif ; et on ne saurait davantage, dès lors que le sujet apparaît irréductiblement pluralisé par ces formes par la médiation desquelles il s'accomplit, faire appel à un *Geist* anonyme et neutre depuis lequel il serait possible de « les embrasser toutes d'un seul regard[71] », à titre de produits renvoyant à un unique procès créateur qui n'est jamais chez Cassirer que le reflet de cette unité objective. Bachelard nous semble ainsi, par son souci d'intégrer les formes de la culture dans le processus de subjectivation du sujet, beaucoup plus proche de Simmel que de Cassirer. Plus encore, en mettant le sujet, d'une part, à l'épreuve des structures normatives de la connaissance scientifique et, d'autre part, au contact du poème dont la forme, ramenée à l'image isolée, coïncide immédiatement avec la vie subjective, il nous semble confirmer, à sa manière, le diagnostic de Simmel sur la culture de son époque, époque où le rapport entre l'individu et les formes de l'esprit objectif ne va plus de soi, où « la vie ressent *la forme en tant que telle* comme quelque chose qui lui est imposé, et veut briser la forme en général et pas seulement telle ou telle forme, et la résorber dans son immédiateté[72] ». Le conflit entre la vie subjective et les formes de l'esprit objectif se manifeste alors à partir du conflit entre deux formes de subjectivation, l'une dans laquelle l'objet se donne comme le phénomène immédiat du sujet, l'autre dans laquelle le sujet vient en soi en rompant avec soi au profit de l'objet incommensurable au psychisme subjectif.

Rodolphe Calin
Université Paul Valéry
– Montpellier 3

71 E. Cassirer, *La philosophie des formes symboliques, 1. Le langage*, *Op. cit.*, p. 23.
72 G. Simmel *Philosophie de la modernité*, *Op. cit.*, p. 385.

LE PERFECTIONNISME MORAL BACHELARDIEN

> Pensée et poésie nouvelles réclament une rupture et une conversion. La vie doit vouloir la pensée. Aucune valeur n'est spécifiquement humaine si elle n'est pas le résultat d'un renoncement et d'une conversion. Une valeur spécifiquement humaine est toujours une valeur naturelle convertie.
>
> Gaston BACHELARD[1]

Je défendrai ici une lecture perfectionniste de l'éthique bachelardienne, visant à articuler la possibilité de la *vie bonne*, comprise comme *promotion d'existence*, avec la pratique d'exercices de soi permettant une transformation l'individu. Il s'agit d'examiner la *polyéthique* bachelardienne sous l'angle du perfectionnement de soi en reconstituant, à partir de textes collectés dans l'ensemble de l'œuvre, la frange perfectionniste du *profil éthique* de Bachelard.

J'insiste ici, afin de pointer une difficulté, sur le fait que Bachelard ne développe pas une théorie éthique générale. Les incursions qu'il se risque à faire dans l'orbite de questions qui abordent à l'éthique et aux valeurs ne font pas système. C'est de manière indirecte et elliptique, par une *stratégie du détour*, à l'occasion de ses réflexions sur la science, la poésie, la culture, les valeurs, l'existence et le temps, que Bachelard dessine les concours d'une éthique possible, dont la dimension perfectionniste me semble une occasion féconde pour penser une *éthique adéquate pour notre temps*.

Je travaillerai ainsi à expliciter le sens, les présupposés et les implications de certaines préoccupations éthiques constantes chez Bachelard,

1 Gaston Bachelard, *Lautréamont*, *Op. cit.*, p. 155-156.

revenant au fil des ouvrages, la plupart du temps implicitement, parfois explicitement, à l'occasion de développements que je qualifierais d'extra – ou infra-moraux. Pour caractériser ces préoccupations éthiques disséminées dans l'œuvre, je propose de les subsumer sous l'idée d'un *intérêt existentiel*, au sens où Kant parlait des intérêts de la raison et de ce qui met en jeu la destination de l'homme – intérêts qui sont prégnants chez Bachelard, dans le cadre de ses spéculations sur les manières pour l'homme de déployer son existence. On pourrait aller jusqu'à parler d'un *existentialisme problématique*, sous-jacent à son perfectionnisme moral, qui interroge les modes d'existence de l'homme, et principalement deux : la connaissance rationnelle et la rêverie poétique, dont Bachelard affirme qu'ils constituent « les deux pôles de la vie[2] ». Je montrerai que l'élucidation de leur spécificité implique un positionnement critique vis-à-vis de l'existence commune et de la vie quotidienne. On doit ajouter ici que cet existentialisme problématique est confronté au problème de l'articulation, dans le tissu temporel de la vie, des modes d'existence de l'individu, celui que Bachelard appelle l'*« homme de vingt-quatre heures*[3] *»*. Il y a là un *problème existentiel* dans la mesure où nous vivons dans des temps multiples, que Bachelard dit parfois « superposés », ce qui implique un risque de dispersion, en raison de la contingence et de l'occasionnalisme de la vie quotidienne, cette « vie morcelée, morcelante hors de nous et en nous[4] ». Bachelard s'est très tôt intéressé à la question de savoir comment (bien) rythmer nos existences, au problème des manières d'harmoniser les diversités temporelles constitutives d'une vie humaine. Il y aurait ainsi à prolonger la présente enquête dans la perspective d'une *sagesse pratique*, d'une *éthique incarnée*, d'une pratique concrète de la vie bonne, ce qui répondrait au vœu d'un Montaigne d'élucider notre « métier d'homme ». Comme le disait en effet celui-ci au livre II des *Essais*, manifestant un souci de la vie concrète qui rappelle aussi bien Nietzsche, Emerson, Thoreau, Socrate, que les écoles antiques et certains penseurs contemporains comme Foucault, Hadot ou Cavell : « Mon métier et mon art, c'est vivre ». Ces éléments de cadrage étant posés, il me faut maintenant, avant d'entrer dans le détail des arguments, prendre le temps de déterminer précisément le problème qui

2 Id., in Gaston Bachelard, Erwin Schrödinger, Pierre Auger, et alii., *L'Homme devant la science*, Neuchâtel (Suisse), Éditions La Baconnière, 1952, p. 190.

3 *Cf.* Id., *L'Engagement rationaliste*, Paris, PUF, coll. « Bibliothèque de Philosophie contemporaine », 1972, p. 45-88.

4 Id., *La poétique de la rêverie* [1960], Paris, PUF, coll. « Quadrige », 1999, p. 140.

sous-tend ma réflexion, ainsi que la méthode que je mettrai en œuvre pour déployer cette *étude spectrale et régionale* de la polyéthique bachelardienne, distribuée selon l'*axe du perfectionnement et des exercices de soi*. Pour articuler mon propos, je propose de suivre trois axes, relativement à trois problèmes.

1. Le *problème du perfectionnisme bachelardien*. Peut-on identifier dans les œuvres de Bachelard, en marge du normativisme épistémologique et de l'eudémonisme poétique, des éléments pointant vers une conversion du sujet ? Si tel est le cas, s'agit-il toujours des mêmes modalités de transformation de soi, ou faut-il distinguer différentes formes de transformation du sujet vers un état amélioré, au risque d'une division du moi ?
2. Le *problème des exercices de soi*. Trouve-t-on dans l'œuvre bachelardienne la codification d'un ensemble de pratiques destinées à promouvoir une transformation du sujet, un dépassement de soi ? Bachelard propose-t-il des techniques pour s'améliorer soi-même ? Si tel est le cas, s'agit-il des mêmes exercices pour le moi rationnel et pour le moi poétique ?
3. Le *problème de la disposition à bien agir*. À partir du moment où l'on insiste sur la pratique effective dans la compréhension de l'agir, ne faut-il pas procéder à l'élucidation des conditions de possibilité de l'agir moral ? Quels sont les mécanismes et les ressorts de la mobilisation des énergies morales du sujet ?

BACHELARD À LA LUMIÈRE DU PERFECTIONNISME MORAL

Dans la période contemporaine, la question se pose souvent de savoir s'il faut distinguer la morale et l'éthique. Cette distinction, classique depuis Ricœur, vise à mettre en évidence que malgré l'unité étymologique des deux mots, liés à l'idée des mœurs :

> On peut toutefois discerner une nuance, selon que l'on met l'accent sur ce qui est *estimé bon* ou sur ce qui *s'impose* comme *obligatoire*[5].

5 Paul Ricœur, « Éthique et morale », in *Lectures 1*, Éditions du Seuil, collection « Points Essais », 1999, p. 258-270.

Il s'agit de réserver le souci de la vie bonne pour l'éthique, et le respect des normes pour la morale, tout en considérant, comme le dit Ricœur, que ces deux aspects sont indissociables. Je ne suivrai pas cette distinction terminologique. Mon propos n'est pas de disqualifier la distinction du souci éthique et de l'obligation morale, car il s'agit de deux modalités différentes de l'agir. Je considère seulement qu'elle n'est pas déterminante[6], et que ce qui importe est de distinguer le souci de bien agir de la détermination des normes de l'action, sans se focaliser sur une terminologie rigide. La chose importe plus que le nom. C'est pourquoi j'utiliserai les termes d'« éthique » et de « morale » comme équivalents. Ici, je mettrai l'accent sur la recherche du bien agir et du bien vivre dans l'œuvre bachelardienne, sans oublier qu'il faudrait prendre en considération, pour être complet, la dimension des principes et des normes, notamment dans l'épistémologie, où Bachelard présente le normativisme comme l'une des caractéristiques essentielles de la pensée scientifique[7]. Notons que cet aspect normatif de la philosophie des sciences de Bachelard a été souligné par Michel Serres, qui insiste sur la dimension moralisatrice du discours bachelardien, en s'appuyant sur une lecture brillante mais partielle de *La formation de l'esprit scientifique*. La normativité épistémique est certes une dimension centrale de l'approche bachelardienne de l'activité humaine. Néanmoins, cet aspect-là ne constitue pas le tout, ni le dernier mot, de l'éthique de la science chez Bachelard. Il suffit de lire l'ensemble du *Rationalisme appliqué* pour voir apparaître aussi l'exaltation eudémonique des joies de la connaissance (notamment dans la conclusion), ainsi que l'idée qu'il ne suffit pas d'appliquer des normes méthodologiques pour faire de la science : remettre en question les règles et les méthodes est une condition tout aussi nécessaire du progrès des connaissances. De plus, la thèse défendue par Michel Serres est discutable dans la mesure où l'on peut tout aussi bien considérer comme centrales, dans le livre en question, les analyses consacrées à la « catharsis intellectuelle et affective », qui vont dans le sens d'une transformation du sujet connaissant. Il s'agit d'apprendre à penser autrement, et à faire un meilleur usage de

6 Sur cette question, on consultera notamment M. Canto-Sperber, *L'inquiétude morale et la vie humaine*, Paris, PUF, 2001, p. 24-28, ainsi que R. Ogien, *L'éthique aujourd'hui. Maximalistes et minimalistes*, Éditions Gallimard, Folio Essais, 2007, p. 16-17.

7 Sur ce point, *cf.* G. Bachelard, *Le Rationalisme appliqué* [1949], Paris, PUF, coll. « Quadrige », 1998, p. 146.

nos facultés intellectuelles. La psychanalyse de la connaissance, loin de se réduire à un discours austère, répressif et disciplinaire, est le vecteur d'une transformation de soi – Bachelard parle de conversion des intérêts immédiats en intérêts de connaissance – dont la finalité est de promouvoir la *culture de soi*, comprise comme augmentation de notre puissance de comprendre. L'acquisition de la connaissance scientifique donne accès à une compréhension de seconde position, dont la connaissance commune est privée. On peut en ce sens considérer qu'il y a une promotion du sujet dans l'acte de comprendre, dont il est nécessaire de clarifier les modalités, étant donné que la connaissance objective suppose par ailleurs une désubjectivation de soi.

À ce stade de la réflexion, je ferai trois remarques.

1. *Premièrement*, je souligne que l'insistance de Bachelard sur la culture de soi, sur le besoin de progrès qui anime tout psychisme humain, invalide la cristallisation de son discours sur des formes de moralisme et de rigorisme normatif, en mettant au cœur de la construction du sujet épistémique la promotion d'un meilleur soi, l'ouverture sur un avenir de progrès. La personnalité culturelle doit conjuguer, selon Bachelard, la liberté de culture et la responsabilité de la surveillance, pour rendre possible l'évolution vers un état de plus grande perfection, par l'intériorisation des normes qui induisent cette progression[8].
2. *Deuxièmement*, il faut rappeler que dans un passage du *Rationalisme appliqué*[9] Bachelard suggère la possibilité d'une compréhension renouvelée de la « conscience morale », sans pour autant développer son propos. Engageant un dialogue critique avec Freud sur la question de la surveillance de soi, de la censure personnelle et du surmoi culturel, Bachelard récuse l'interprétation exclusivement punitive et répressive de la conscience morale, telle qu'elle est proposée dans la psychanalyse freudienne, qui cède selon lui à une confusion entre la « conscience-bourreau » et la « conscience-juge » :

   > Il a échappé à Freud que la conscience morale *normale* était en même temps conscience de faute et conscience de pardon. La conscience morale prise dans

8 G. Bachelard, *Le Rationalisme appliqué, Op. cit.*, p. 72-73.
9 *Ibid.*, p. 69-71.

> son action de culture de soi est un juge, une juge qui sait condamner mais qui a le sens du sursis[10].

Il n'est donc pas simplement question, avec la conscience morale, de punir et de censurer. Il s'agit également, dans une dimension de la conscience morale dont Bachelard prend la peine de souligner qu'elle est « normale », de coupler la surveillance de soi avec une dynamique de progrès, le jugement avec l'encouragement. Je ne développerai pas plus avant cette référence ponctuelle à la vertu dynamisante de la conscience morale. Je me contenterai de souligner que cette notion a été peu aperçue par les bachelardiens, y compris à l'occasion du colloque de Cerisy de 2012, consacré pourtant à l'éthique chez Bachelard, alors qu'elle implique une entente particulière de l'éthique. Celle-ci engage dans une réflexion sur l'expérience morale personnelle, vécue en première personne, à rebours de la tendance de la philosophie morale contemporaine, qui se concentre en général sur les concepts, les principes et les intuitions qui interviennent dans nos raisonnements moraux, ou la justification morale de nos conduites. On trouve chez Bachelard une *troisième voie*, qui n'abandonne pas la morale à la relativité des représentations subjectives, ni à l'impersonnalité de la clarification conceptuelle, mais qui cherche à élucider les modalités d'une dimension fondamentale de l'existence humaine, que l'on pourrait désigner avec Gusdorf par le concept d'« existence morale[11] ». Il s'agit, avec ce souci de la vie éthique concrète, cet intérêt pour une expérience morale incarnée, d'un aspect trop minoré dans la pensée morale d'aujourd'hui. Une telle perspective n'est pas sans rappeler les idées développées par Hannah Arendt dans *Jugement et responsabilité*[12], selon lesquelles la morale doit se comprendre comme une affaire personnelle, une question qui mobilise une conscience individuelle, pas seulement comme une question abstraite, appelant une clarification théorique des concepts et des principes moraux. Il s'agit de deux modalités complémentaires de l'élucidation philosophique de la question morale : l'une qui s'attache à la théorie objective de la morale (point de vue en 3e personne), et l'autre soucieuse de l'expérience

10 *Ibid.*, p. 70.

11 Nous empruntons cette expression au titre de l'ouvrage de Georges Gusdorf, *Traité de l'existence morale*, Paris, Librairie Armand Colin, 1949.

12 Hannah Arendt, « Questions de philosophie morale », in *Responsabilité et jugement*, Éditions Payot et Rivages, Petite Bibliothèque Payot, 2009, p. 94-198.

subjective de la vie morale (point de vue en 1e personne). Or je pense que les analyses bachelardiennes donnent des éléments de réflexion pertinents sur cette question de l'expérience morale comme affaire personnelle, au sens où Bouveresse utilise cette formule à propos de Wittgenstein :

> Non pas un problème que chacun peut résoudre selon des normes personnelles, mais un problème posé à une personne[13].

Dans cette perspective, on insiste sur l'engagement du sujet éthique dans des situations concrètes, dans lesquelles il doit agir en tant que personne, personne à laquelle la conduite à tenir apparaît comme problématique.

3. *Finalement*, je soulignerai que Bachelard met lui-même en avant la qualification de « normale » à propos de la conscience morale. On peut y voir la volonté de maintenir un double aspect irréductible de la conscience morale, une bipolarité qui permet d'éviter deux options excessives, insatisfaisantes quand elles sont exclusives : la monomanie disciplinaire et répressive (*rigorisme moral*) ou le désir hédoniste d'une liberté irresponsable (*laxisme moral*).

Mais quel lien peut-on faire ici entre l'accent mis sur l'expérience morale, le besoin de progrès inscrit dans la nature du sujet humain, et la tradition du perfectionnisme moral ? Je chercherai à montrer que la tradition du perfectionnisme moral permet de situer Bachelard au sein des débats moraux contemporains (*dimension historique*), mais aussi de voir dans quelle mesure il est possible de concilier les deux aspects de la norme prescriptive et du souci de bien faire (*dimension analytique*), à condition de pouvoir tenir ensemble l'aspect régulateur de la norme, et le dynamisme de progrès impliqué par l'idéal perfectionnement de soi.

Commençons par rappeler ce qui caractérise la visée de la vie bonne dans le cadre du perfectionnisme. Selon Sandra Laugier[14], cette tradition de pensée, dont la filiation n'est pas aussi lisible que pour le déontologisme (Kant) ou l'utilitarisme (Hume, Mill), a connu une mésestime, voire une disqualification, en raison de son caractère apparemment « infra-moral », mais aussi en raison de ses formes dégradées dans la culture populaire

13 Jacques Bouveresse, *Wittgenstein, la rime et la raison*, Éditions de Minuit, 1973, p. 143.
14 Sandra Laugier, (s. dir.), *La voix et la vertu. Variétés du perfectionnisme moral*, Paris, PUF, 2010.

contemporaine, notamment avec le « développement personnel ». Voici ce que dit notamment Sandra Laugier dans l'introduction de l'ouvrage :

> Le perfectionnisme est une philosophie morale d'autant plus méconnue que chacun pense en avoir quelque idée : l'éthique du perfectionnement de soi, de la recherche de la vie bonne et de l'exemplarité semble davantage être un arrière-plan de toute recherche morale qu'une philosophie donnée. [...] Il ne s'agit pas d'une théorie morale à proprement parler, mais d'une accentuation, d'un recentrage de la morale sur « ce qui nous importe », sur la nécessité d'une transformation de soi, avant l'action dans le monde[15].

On comprend ici pour quelles raisons le perfectionnisme peut donner l'impression de manquer de consistance logique ou de clarté conceptuelle, au regard des traditions dominantes, qui engagent une discussion rationnelle rigoureuse, sur la base de positions déterminées. Par ailleurs, il n'est pas prioritairement question de la délibération ou de la justification de nos actions avec le perfectionnisme, ce qui en fait une approche hétérodoxe au sein de la philosophie morale. Il s'agit plutôt de se réaliser comme personne, de s'améliorer soi-même, de veiller à se mettre dans certaines dispositions. D'une certaine façon, on peut dire que le perfectionnisme nous propose un « pas en arrière », une autre façon de poser le problème moral, en donnant la priorité à l'examen préalable de soi-même (on retrouve la figure du Socrate de l'*Apologie*), en portant une attention particulière à la manière d'être des individus. C'est pourquoi il est difficile de le définir de manière univoque. Comme le souligne Stanley Cavell[16], le perfectionnisme doit se comprendre « comme une perspective ou dimension de pensée, incarnée et développée dans une série de textes », parmi lesquels on peut compter Platon, Aristote, Montaigne, Pascal, Nietzsche, Emerson, Thoreau, et même certains textes de Kant ou de Mill ! Il faudrait voir dans le perfectionnisme une attitude plus qu'une doctrine, une certaine manière de se sentir concerné par nos choix et par nos conduites, qui est articulée autour de *trois conditions* minimales : i) la volonté de se transformer soi-même ; ii) en raison d'une insatisfaction vis-à-vis de l'état actuel du moi ; iii) afin d'atteindre à état de plus grande perfection de soi. Pour Cavell, l'un

---

15 Id., « Présentation. L'autre voie de la philosophie morale », in *La voix et la vertu*, *Op. cit.*, p. 1-2.

16 Stanley Cavell, « Conditions nobles et ignobles », in *Qu'est-ce que la philosophie américaine ?*, Paris, Gallimard, coll. « Folio Essais », 2009.

des aspects typiques de l'attitude perfectionniste est de confronter la façon dont nous sommes à la façon dont nous pourrions être, et d'en appeler ainsi à une conversion du sujet, qui s'exprime comme processus d'éducation de soi.

Dans quelle mesure peut-on appliquer un tel schème de pensée à Bachelard ? Si le mot n'est pas présent sous la plume bachelardienne, la chose y est pourtant identifiable, selon les axes de la connaissance et de la rêverie, où se jouent des modalités différentes de la promotion (ou majoration) d'existence.

En ce qui concerne le sujet épistémique, les textes abondent. Il suffit de lire *La formation de l'esprit scientifique* (1937), *Le nouvel esprit scientifique* (1934) ou encore *La philosophie du non* (1940), pour saisir que Bachelard envisage l'acquisition des connaissances scientifiques et la production de nouvelles connaissances comme des occasions de modification spirituelle, ce qu'il désigne par les termes de « mutation » ou de « révolution » de l'esprit scientifique. Il faut rappeler ici l'un des axiomes de l'épistémologie bachelardienne, relatif à l'insuffisance de l'expérience immédiate, et des intuitions premières, qui sont toujours imprégnées d'affects et d'intérêt pragmatiques. Dans cette perspective, loin de considérer la connaissance comme une simple acquisition d'informations, Bachelard n'a de cesse de souligner que le sujet doit modifier sa manière d'être au monde, rectifier sa façon de penser. C'est la thématique de la psychanalyse de la connaissance objective, comprise comme catharsis intellectuelle et affective permettant au sujet de se détourner de lui-même, pour penser adéquatement le phénomène. Une conversion épistémique est ainsi en jeu, visant à « réaliser la conversion rationaliste du sujet[17] ». Il s'agit de rompre avec la connaissance commune (*empirisme et réalisme = 1^e^ position*) pour accéder à une forme plus adéquate de connaissance (*émergence de rationalité = 2^e^ position*). Or, si l'on se réfère aux analyses de la notion de conversion proposées par Foucault[18] et Hadot[19], on peut identifier ici un premier sens de la conversion, renvoyant au grec *metanoia*, désignant une rupture avec les attitudes habituelles du moi, dans une forme de renoncent au soi immédiat. Il me semble que cet aspect-là

17 G. Bachelard, *Le rationalisme appliqué, Op. cit.*, p. 127.

18 *Cf.* Michel Foucault, *L'herméneutique du sujet*, Paris, Seuil-Gallimard, 2001, p. 15-20, 197-200.

19 *Cf.* Pierre Hadot, « Conversion », in *Exercices spirituels et philosophie antique*, Paris, Éditions Albin Michel, 2002, p. 223-235.

est incontestablement présent dans l'épistémologie bachelardienne, par la compréhension qu'elle propose de l'esprit scientifique, étant donné que celui-ci, « sous sa forme évoluée, dans son activité vraiment assumée, est une *seconde nature*[20] ». Bachelard souligne même ailleurs que le changement interne qui s'opère dans l'individu, quand il devient un « homme studieux », est une « promotion d'être[21] ». Pour marquer des nuances avec la thématique de la conversion dans les sagesses antiques, au-delà du dénominateur commun de la rupture avec l'existence immédiate et l'expérience ordinaire, j'insiste sur le fait que chez Bachelard la conversion épistémologique ne conduit pas à une transformation intégrale ou définitive de l'être individuel ; mais aussi qu'elle n'épuise pas l'ensemble des potentialités du sujet humain, dans la mesure où il faut tenir compte aussi de la conversion poétique.

Mais de quelle nature est cette conversion ? Est-elle du même type que celle engagée par la vie scientifique ? On doit souligner d'emblée que se joue aussi, du côté de la rêverie poétique et de l'expérience onirique, une démarcation avec l'existence commune. C'est une orientation connue de l'œuvre bachelardienne, qui consiste à opposer à la *fonction du réel*, marquée par l'« adaptation d'un esprit à des valeurs sociales[22] », une *fonction de l'irréel*, qui permet de « bien rêver, de rêver en restant fidèle à l'onirisme des archétypes qui sont enracinés dans l'inconscient humain[23] ». On pourrait sans doute parler en ce sens, sans pour autant mélanger les genres, d'une *rupture poétique*, qui serait isomorphe à la *rupture épistémologique*, tant Bachelard insiste sur le fait qu'il n'y a pas solution de continuité entre ce qui est perçu dans le cadre de l'expérience immédiate et ce qui est imaginé dans le cadre de l'expérience onirique. Il s'agit alors de se libérer, par la rêverie, de « toutes les préoccupations qui encombraient la vie quotidienne[24] », de l'ensemble des soucis qui marquent l'existence ordinaire du sceau de la fonction du réel, de l'adaptation au monde tel qu'il est, de l'expérience de la contrainte sociale, et de la dispersion de soi. Or si l'on fait correspondre à cette idée la proposition selon laquelle l'imagination poétique implique aussi, dans son champ

20 G. Bachelard, *L'engagement rationaliste, Op. cit.*, p. 92.

21 Id., *L'engagement rationaliste, Op. cit.*, p. 36.

22 Id., *La terre et les rêveries de la volonté : essai sur l'imagination des forces* [1948], Paris, José Corti, coll. « Les Massicotés », 2003, p. 9.

23 Id., *La terre et les rêveries de la volonté, Op. cit.*, p. 9.

24 Id., *La poétique de la rêverie, Op. cit.*, p. 148.

propre, que l'« on doit définir un homme par l'ensemble des tendances qui le poussent à dépasser l'humaine condition[25] », et la double thèse selon laquelle l'imagination est la « faculté de nous libérer des images premières[26] », qu'elle « invente de la vie nouvelle, [...] de l'esprit nouveau[27] », alors il ne fait aucun doute que l'expérience poétique, quand elle implique une participation active du rêveur aux images et au langage, détermine une autre ligne de transformation du sujet, comprise là encore comme promotion d'existence. Car il ne s'agit pas simplement de rêver, mais surtout de *bien* rêver. Néanmoins, si conversion il y a ici, ce n'est plus au même sens que dans l'expérience épistémique. En effet, loin de rompre avec soi, Bachelard nous invite au contraire à retrouver une sorte de *fidélité à soi*, qui ne paraît possible que dans le cadre de la solitude rêveuse, ou de la méditation solitaire :

> La solitude est nécessaire pour nous détacher des rythmes occasionnels. En nous mettant en face de nous-mêmes, la solitude nous conduit à parler avec nous-mêmes[28].

Bien que Bachelard ne se prononce pas clairement sur ce point, tout laisse à penser qu'il est question pour chacun de trouver son régime personnel de rêverie poétique, de bien-être onirique, dans la fidélité à un élément matériel privilégié, mais aussi aux archétypes, qui constituent le patrimoine onirique commun de l'humanité. Autrement dit, la conversion poétique est sensée permettre « de suivre, dans son plein essor, le *fantôme réel de notre nature imaginaire*, qui, s'il dominait notre vie, nous rendrait la vérité de notre être, l'énergie de notre dynamisme propre[29] ». On trouve là quelque chose de tout à fait original, qui reconduit la fidélité à soi-même, non pas à un moi constitué et caché au fond de l'intériorité personnelle, mais à un certain rapport du sujet avec une forme idéalisée du moi[30], indépendant de la vie ordinaire, mais qui

---

25 Id., *L'eau et les rêves : essai sur l'imagination de la matière* [1942], Paris, José Corti, 1986, p. 23.

26 Id., *L'air et les songes : essai sur l'imagination du mouvement* [1943], Paris, José Corti, 1994, p. 7.

27 *Ibid.*, p. 24.

28 G. Bachelard, *Le droit de rêver* [1970], Paris, PUF, coll. « Quadrige », 2001, p. 244.

29 Id., *L'eau et les rêves, Op. cit.*, p. 249.

30 Sur le thème de la « psychologie idéalisante », *cf.* G. Bachelard, *La poétique de la rêverie, Op. cit.*, chapitre II.

dynamise l'existence au-delà du réel existant. On peut voir dans cette transformation poétique la deuxième forme de conversion identifiée par Foucault et Hadot – nommée en grec *epistrophè* – et qui désigne un retour à soi, ici à un moi poétisé.

LES VERTUS ÉTHO-POÏETIQUES DE L'EXERCITATION

Certains développements bachelardiens vont bien dans le sens du perfectionnisme moral, en parlant d'une élévation de l'existence vers un état supérieur du moi, après rupture avec les facteurs d'inertie de l'expérience immédiate. Dans cette perspective, en suivant les axes de la conversion bachelardienne, comprise comme modification de la manière de penser et de rêver, on est conduit à envisager la question des moyens qui rendent possibles ce double mouvement d'émancipation et de réalisation de soi, le premier par dépassement de la vision naïve du réel, le second par réélaboration poético-onirique de l'être personnel, par un double travail de *désubjectivation/resubjectivation*. La question se pose de savoir comment le sujet peut concrètement œuvrer à la transformation de lui-même, et réaliser ce que Foucault appelle un travail éthopoïétique[31], défini comme travail dont la qualité principale est de transformer le mode d'être du sujet. On touche ici à la question des « exercices de soi », qui se présentent comme les conditions nécessaires de la modification réelle de l'être du sujet. Montaigne parlait d'« exercitation », au chapitre VI du livre II des *Essais*, pour souligner que les discours et les raisonnements ne sont pas suffisants pour nous conduire vers l'action, si nous ne nous formons pas nous-même comme sujet capable d'agir, grâce à une pratique personnelle, par répétition de l'expérience. Cela suggère que le perfectionnement de soi ne dépend pas d'un décret de la volonté, ou d'un renversement de perspective dans les représentations. C'est l'être même du sujet qui est mis en jeu, dans le sens d'une épreuve existentielle, où le sujet sera modifié par sa participation à certaines activités. En sorte que l'on est conduit à parler d'une « expérience spirituelle » (au sens large, non pas au sens religieux). Foucault propose des analyses éclairantes sur

31 Sur la notion d'*éthopoïétique*, *Cf.* M. Foucault, *L'herméneutique du sujet*, *Op. cit.*, p. 227-228.

la notion de spiritualité, qui permettent de lever la brume de mysticisme qui accompagne souvent ce mot, et son usage dans la culture populaire. Selon lui, la spiritualité « postule qu'il faut que le sujet se modifie, se transforme, se déplace, devienne, dans une certaine mesure et jusqu'à un certain point, autre que lui-même pour avoir accès à la vérité[32] ». Alors que le moment cartésien de la modernité réduit la connaissance à des questions de méthode et de règles, sans lien direct avec l'être du sujet, la spiritualité telle qu'on la trouve définie dans le cadre des philosophies antiques suppose un lien de dépendance entre l'acte de connaître et la transformation de soi. N'est-ce pas ce que suggèrent la psychanalyse de la connaissance et l'épistémologie de Bachelard ? Et ne peut-on pas percevoir aussi dans l'accès du sujet rêvant à la vérité de son être une expérience spirituelle telle que l'on vient de la définir ?

Rien ne semble s'y opposer, à condition de préciser les conditions d'application, à la pensée bachelardienne, des concepts de spiritualité et d'exercices spirituels, ces derniers désignant les « pratiques destinées à transformer le moi et à lui faire atteindre un niveau supérieur[33] ». Je commencerai par rappeler que, selon Hadot, il existe un rapport étroit entre le schème du perfectionnisme moral et la pratique des exercices de soi, de même que pour Foucault la transformation de l'être du sujet est indissociable d'un ensemble de pratiques concrètes, inscrites dans la matérialité de l'existence. En lieu et place du schème juridique, fondé sur l'idée d'évaluation normative en fonction d'un ensemble de règles et de procédures, on aborde ici à un autre type d'*imaginaire moral*, qui valorise le schème de l'artiste, de l'artisan, plus globalement du travailleur, s'attachant à produire une œuvre par l'application de ses efforts contre une matière, grâce au déploiement d'une activité créatrice. Dans cette perspective, il ne faut pas se méprendre sur le sens à donner à la qualification de ces exercices comme étant « spirituels ». Ainsi que le remarque Arnold Davidson[34], on peut extraire des études consacrées aux exercices spirituels trois critères permettant de comprendre ce qu'est un exercice spirituel en général, en dehors du contexte religieux : 1) un *type d'activité* déterminé ; 2) une *dimension du soi* sur laquelle s'exerce cette

32 Michel Foucault, *L'herméneutique du sujet, Op. cit.*, p. 17.

33 Pierre Hadot, « Qu'est-ce que l'éthique ? », in *Exercices spirituels et philosophie antique, Op. cit.*, p. 380.

34 *Cf.* Donald Davidson, « Foucault, le perfectionnisme et la tradition des exercices spirituels », in S. Laugier (s. dir. de), *La voix et la vertu, Op. cit.*, p. 452-453.

activité, produisant des effets de rénovation du sujet ou de réorganisation de ses dispositions ; 3) le *mode de transformation de soi* et le *but visé.* Si l'on se base sur ces critères, on voit que les deux modes de conversion identifiés chez Bachelard satisfont à ces conditions de définition, dans la mesure où ils visent à une transformation du sujet, en s'appliquant à modifier un aspect particulier du moi, plus précisément dans le cas qui nous occupe sa capacité à (bien) raisonner et sa disposition à (bien) rêver. Il reste néanmoins à déterminer quels sont les types d'activité qui permettent la réalisation de ces modifications de l'être du sujet, et quels sont les exercices envisagés ayant un *effet performatif* sur l'individu. Pour conclure sur la question du sens à donner à la dimension de spiritualité de la morale perfectionniste, je soulignerai que le refus d'une telle notion au prétexte qu'elle connote des significations idéalistes douteuses dénote un manque de vigilance conceptuelle, au profit d'une acception particulière du mot, qui n'en épuise pourtant pas le sens philosophique. Ainsi que l'indiquent les textes faisant de la dialectique un « exercice spirituel indispensable », Bachelard fait lui aussi usage, d'une façon surprenante, du champ sémantique associé au mot « spirituel ». On en trouve bien des exemples. Je citerai deux cas : un passage du *Rationalisme appliqué*, où Bachelard parle d'un « pragmatisme désigné comme un exercice spirituel anagogique, un pragmatisme qui chercherait des motifs de dépassement[35] » ; mais aussi la fin du *Nouvel esprit scientifique*, où Bachelard parle des « mutations spirituelles » impliquées par la nouvelle science, et d'un « élan spirituel ».

On doit ainsi comprendre l'idée d'exercice dans le sens d'une pratique concrète de la transformation de soi, comme engagement actif du sujet dans une activité impliquant un travail finalisé vers un progrès de culture (ou une élévation du moi) ; et la qualification de « spirituels » comme désignant une valeur existentielle, qui met en jeu notre mode d'être dans le monde, plus précisément une augmentation de notre puissance d'exister. C'est en ce sens qu'Hadot souligne qu'il n'a pas choisi le qualificatif « intellectuels » pour parler des exercices de soi, dans la mesure où il s'agit de changer l'être dans sa totalité, en mobilisant le corps, la sensibilité, l'imagination et l'intellect, autrement dit la manière d'être (*ethos*), pas seulement la manière de penser (*logos*).

35 G. Bachelard, *Le rationalisme appliqué, Op. cit.*, p. 80.

Cependant, Bachelard use-t-il explicitement de la rhétorique de l'exercice, de la pratique destinée à la modification de l'être personnel ? Y a-t-il quelque chose qui relève, dans son discours, du conseil adressé aux autres, voire de l'exhortation ? Pour répondre à cette question, je propose de commencer par une recension de quelques textes significatifs. Ils permettront de situer les exercices spirituels bachelardiens sur un spectre large, d'en dégager les champs d'application et les modalités.

Dans une conférence présentée à la Société française de philosophie en 1950, devant un public de philosophes professionnels, Bachelard nous explique, au détour d'une remarque, que s'il avait des « conseils à donner à un psychisme fatigué », alors il lui suggèrerait de se mettre dans de bonnes dispositions pour dormir, en suscitant pour lui-même des « rêves aquatiques », pour « bien dormir[36] ». Ailleurs, à propos du graveur Albert Flocon, il est question de comprendre son *Traité du burin* comme « un véritable recueil d'exercices pour la volonté digitale », dont la méditation rêveuse excite la puissance de travail de la main[37]. En outre, dans la cadre de la catharsis intellectuelle et affective impliquée par la psychanalyse de la connaissance, Bachelard nous dit qu'une « sorte de psychanalyse, d'autopsychanalyse, doit être pratiquée pour empêcher l'esprit de s'ankyloser dans ses propres idées claires[38] », et qu'il aimerait bien convaincre le lecteur de « pratiquer un exercice où [il est] passé maître : se moquer de soi-même[39] ». Pour être complet, il faudrait prolonger l'examen du versant épistémologique par une analyse de la surveillance intellectuelle de soi dans *Le rationalisme appliqué*, car on peut y voir une conceptualisation rigoureuse de la pratique de l'ironie autocritique.

Voyons maintenant quelques exemples pris du côté poétique. On signalera, entre autres, l'idée d'un « bel exercice de la fonction d'habiter la maison rêvée[40] », envisagé par Bachelard dans le cadre d'une rêverie du voyage, ainsi que cette confidence explicite :

> Je me suis exercé à ce renversement de l'objectivité en subjectivité [...] En m'exerçant à vivre personnellement, suivant la règle de l'élémentaire

36 Id., *L'engagement rationaliste, Op. cit.*, p. 76.
37 Id., *Le droit de rêver, op. cit.*, p. 94.
38 Id., *L'engagement rationaliste, Op. cit.*, p. 98.
39 Id., *La psychanalyse du feu* [1938], Paris, Éditions Gallimard, coll. « Folio Essais », 1949, p. 18.
40 Id., *La poétique de l'espace* [1957], Paris, PUF, coll. « Quadrige », 2001, p. 69.

> phénoménologie, je découvrais que le langage poétique était une ouverture vers les hauteurs de la parole[41].

On évoquera aussi, pour parfaire le tableau, l'exhortation qui nous est faite d'appliquer dans notre existence les vertus régénératrices et roboratives des rêveries vers l'enfance :

> Ce sont ces recherches morales qui doivent nous aider à reconstituer en nous l'esprit d'enfance et surtout à appliquer dans notre vie complexe l'esprit d'enfance. Dans cette "application", il faut que l'enfant qui subsiste en nous devienne vraiment le sujet de notre vie d'amour, le sujet de nos actes d'obligation, de nos actes bons [...] Nous avons tant besoin des leçons d'une vie qui commence, d'une âme qui s'épanouit, d'un esprit qui s'ouvre[42].

Afin d'être complet, il importe de renvoyer encore aux recommandations, audacieuses bien qu'énigmatiques, que Bachelard nous propose sur le temps, quand il nous suggère d'essayer des techniques d'harmonisation des temporalités psychiques qui constituent le « tissu temporel de l'âme », afin de nous libérer des durées mal faites, et des désorganisations multiples de notre rythme. Bachelard dit par exemple qu'il s'est « exercé, par la méditation, à vider le temps vécu de son trop-plein, à sérier les divers plans des phénomènes temporels[43] » ; ou encore, de façon plus explicite, à propos « de ces séances de rythmanalyse [dont il sortait] rasséréné[44] », que « ces applications détaillées, dont [il a] personnellement constaté l'efficacité, demandent un assez long exercice[45] ». C'est dans le contexte de ces pages consacrées à la rythmanalyse dans *La dialectique de la durée* que nous voyons Bachelard évoquer des techniques temporelles, dont il laisse entendre qu'il les a personnellement testées, et qui permettent d'agir sur le rythme personnel en le modifiant, par un travail associé de la respiration et de la marche, ou de se rendre endurant, dans un style proche de la fermeté d'âme stoïcienne ou cynique, à la douleur physique provoquée par « un mal de dent », ou bien encore de faire un bon usage des plaisirs, par un « épicurisme profond » susceptible notamment de régler la consommation de « l'ambroisie » et des « divins alcools ». Sur

---

41 Id., *Fragments d'une poétique du Feu*, Établissement du texte, avant-propos et notes par Suzanne Bachelard, Paris, PUF, 1988, p. 48-49.

42 Id., *La poétique de la rêverie, Op. cit.*, p. 113-114.

43 Id., *La dialectique de la durée* [1936], Paris, PUF, coll. « Quadrige », 2001, p. VI.

44 *Ibid.*, p. 9.

45 *Ibid.*, p. 146.

le point particulier de la temporalité, il faut souligner l'intérêt que Bachelard accorde à la question de l'usage personnel du temps, qui donne lieu à différentes chrono-techniques, dont l'objectif est de modifier le rapport du sujet au temps, qu'il s'agisse du temps vécu, pensé ou rêvé. Si l'on se reporte au deuxième chapitre du *Rationalisme appliqué*, on voit que Bachelard envisage la possibilité d'une « chronotechnique », censée permettre au sujet d'atteindre un « temps suspendu », « de se retirer du temps vécu, pour enchaîner ses pensées dans un ordre d'une nouvelle temporalité[46] », le temps logique de la démonstration, de l'enchaînement des raisons. Il s'agit de rompre avec l'« auto-hypnotisme » de la vie ordinaire, pour consacrer l'énergie du moi rationnel à l'effort de pensée, suivre la volonté de culture et d'intellectualité, ne serait-ce que le temps d'une heure studieuse, car c'est un moyen « de *détemporaliser* le travail de la pensée pour le retemporaliser et obtenir les fulgurances de la pensée rationnelle[47] ». Or, bien que Bachelard ne donne pas plus de précisions sur ce point, n'est-ce pas en lisant et en faisant des exercices que l'on peut suspendre momentanément les contingences du cours habituel des jours, et profiter du temps suspendu de la pensée ? Toujours est-il que la notion de temps suspendu permet d'établir un pont inattendu avec le champ poétique, dans la mesure où là aussi on peut identifier des techniques de « détemporalisation », revendiquées explicitement par Bachelard. Un premier exemple se trouve dans l'article consacré à la Bible de Chagall, où Bachelard nous invite à un exercice de méditation temporelle sur les images du peintre :

> Gardez [le livre] ouvert à [...] une page qui "vous parle". Et vous allez être pris par une des grandes rêveries de la temporalité, vous allez connaître la rêverie des millénaires. [...] Je rêve tant devant certaines planches de Chagall que je ne sais plus guère dans quel pays je suis, dans quelle profondeur des temps je me trouve enseveli. Ah ! que m'importe l'histoire puisque le passé est présent, puisqu'un passé qui n'est pas le mien vient s'enraciner en mon âme et de me donner des rêves sans fin. Le passé de la Bible est une épopée de moralité. La profondeur des temps est redoublée en une profondeur des valeurs morales. [...] Tous les visages réunis dans le livre de Chagall sont des caractères. En les contemplant on est pris dans une grande rêverie de moralité. À entrer dans ces rêveries de moralité, nous dépassons l'histoire, nous dépassons la psychologie. Les êtres présentés par Chagall sont des êtres

46 Id., *Le rationalisme appliqué, Op. cit.*, p. 26.
47 *Ibid.*, p. 27.

> moraux, des exemplaires de vie morale. Le destin moral de l'homme trouve ici ses grands promoteurs. Près d'eux, nous devons prendre une leçon d'énergie destinale, avec eux nous pouvons plus courageusement accepter notre destin. Ainsi une rêverie immémoriale nous donne des impressions de permanence. Ces ancêtres de la moralité, ils demeurent en nous-mêmes. Le temps ne les a pas usés. Ils sont immobilisés par leur grandeur. Les petites vagues de la temporalité s'apaisent autour du souvenir de tels ancêtres de la vie morale[48].

On reviendra sur l'idée d'« exemplaires de vie morale », sur la perspective ouverte par la « rêverie de moralité ». Pour l'instant, retenons que la rêverie provoquée par la méditation des images rend possible une expérience de « détemporalisation », de suspension du temps. C'est une idée-force que répétera Bachelard : la rêverie poétique permet d'abolir les limitations de notre existence réelle, située *hinc et nunc*, en nous emportant vers un ailleurs, en nous plongeant vers un jadis, au-delà ou en deçà des contingences de notre histoire. Les analyses consacrées aux rêveries vers l'enfance en donnent une illustration exemplaire, dans la mesure où Bachelard explique que nous pouvons, en les pratiquant personnellement, activement et sincèrement, « profiter de la *détemporalisation* des états de grande rêverie[49] ». Là encore, il est question de rompre avec les contraintes habituelles de l'existence, car « ces grandes heures de non-vie dominent la vie, approfondissent le passé d'un être en le détachant, par la solitude, des contingences étrangères à son être[50] ». Dans cette perspective, on dispose de différentes manières de transformer notre être par une modification de l'organisation temporelle de notre existence, y compris avec de simples rêveries sur les images, étant donné qu'« il suffit de changer d'images pour changer de temps[51] ». L'exercitation temporelle se présente comme un vecteur privilégié, chez Bachelard, de la transformation et de la (re) création continuée de soi, selon les divers plans temporels de l'existence, dont l'harmonisation constitue une tâche inachevée, sans cesse à reprendre. Mais on peut y travailler, en s'exerçant à sérier les diverses temporalités, en apprenant à « vivre sur notre rythme propre, en retrouvant, à notre gré, à la moindre fatigue, au moindre désespoir, l'impulsion de nos origines[52] ». Comment y parvenir ? Bachelard propose-t-il un exercice général

48 Id., *Le droit de rêver, Op. cit.*, p. 19-20.
49 Id., *La poétique de la rêverie, Op. cit.*, p. 95.
50 *Ibid.*, p. 103.
51 Id., *Fragments d'une poétique du feu, Op. cit.*, p. 47-48.
52 Id., *La dialectique de la durée, Op. cit.*, p. IX.

de chrono-technie permettant de nous libérer du temps contingent de la vie quotidienne et atteindre, ne serait-ce qu'en de rares instants, notre être intime ? Sans prétendre clore le débat, je citerai un texte suggestif, qui se présente comme une sorte de protocole de méditation rythmanalytique. Il s'agit d'un bref passage, dans lequel Bachelard nous invite à suivre une méthode qui pourrait rappeler certains exercices du zen ou du yoga, ayant pour finalité d'introduire une rupture dans l'ordre des activités de la vie quotidienne, et du flux des pensées. Voilà ce que dit Bachelard :

> Voici alors les trois ordres d'expériences successives qui doivent délier l'être enchaîné dans le temps horizontal : 1°) s'habituer à ne pas référer son temps propre au temps des autres – briser les cadres sociaux de la durée ; 2°) s'habituer à ne pas référer son temps au temps des choses – briser les cadres phénoménaux de la durée ; 3°) s'habituer – dur exercice – à ne pas référer son temps propre au temps de la vie, ne plus savoir si le cœur bat, si la joie pousse – briser les cadres vitaux de la durée. Alors seulement on atteint la référence autosynchrone, au centre de soi-même, sans vie périphérique[53].

Ce protocole obéit à la logique d'une triple rupture. Il s'agit d'abord de s'absenter des relations sociales pour s'isoler, entrer dans la solitude (époché sociale), puis de rompre avec le monde environnant, probablement en fermant les yeux (époché phénoménale), pour enfin prendre de la distance avec son corps propre et les sensations physiques qui lui sont associées (époché physiologique). On parviendrait ainsi à vider le temps du trop-plein qui vient des activités externes, à atteindre le temps pur dont Bachelard dit ailleurs, dans sa conférence sur la multiplicité temporelle, qu'il est mal connu :

> Le temps pur est bien mal connu ; il est, je crois, d'autant plus mal connu qu'il est plus vidé ; moins actif, privé des relations qui permettent de le mesurer. Dès qu'on est débarrassé des repères objectifs, on mesure le temps à la besogne que l'on fait plutôt que de mesurer la besogne au temps qu'elle réclame. On s'en apercevrait plus clairement si l'on s'interdisait la référence à un autre temps, au temps des horloges et des montres[54].

Toujours est-il qu'on peut voir là, dans l'invitation à travailler le rapport intime au temps, le désir de mieux habiter le temps, de s'y sentir chez

53 Id., *Le droit de rêver, Op. cit.*, p. 226-227.

54 Id., « La continuité et la multiplicité temporelles », *Bulletin de la Société française de philosophie* (Séance du 13 mars 1937), Paris, 1937, n° 2, p. 18.

soi, de s'y sentir bien, à la façon dont la rêverie cosmologisante permet de se sentir bien dans le monde. C'est là un exemple significatif de proposition concrète, par Bachelard, d'un exercice ayant pour objectif de rendre possible une transformation du sujet, en modifiant le rapport intime au temps par la reconfiguration du temps propre (expérience subjective) par rapport à celui des autres (réalité sociale), des choses (monde objectif), de la vie organique (sensations du corps). Un tel exercice de chrono-technie est loin de conduire à une conversion radicale de l'existence, étant donné « que la vie, par ailleurs, se déroule et ramène ses nécessités, [ce qui] est sans doute une fatalité corporelle[55] ».

LA MOBILISATION DES ÉNERGIES MORALES

À ce stade de l'enquête, le problème resté en suspens est celui du passage à la pratique réelle, au-delà de la pratique théorisée dans un « beau discours ». Personne ne peut contester que le problème majeur de la vie morale, est l'agir en tant que tel, dans sa dimension effective, qui suppose pour devenir réalité autant fermeté d'âme que courage, une « vertu de force[56] ». Descartes, pourtant si confiant dans la puissance de la raison, de la volonté et de la résolution d'agir en fonction de ce que nous pensons être le mieux, ne reconnaissait-il pas lui-même humblement « que ce n'est pas tant la théorie, que la pratique, qui est difficile[57] » ? Ne bute-t-on pas ici sur les phénomènes bien connus de la faiblesse de la volonté (l'*acrasia*), de la procrastination, du découragement ? Paradoxalement, ces défaillances ne constituent pas des objections dans le cadre du perfectionnisme moral, compte-tenu que celui-ci a pour vocation de disposer à agir en mobilisant les ressources de toutes nos facultés. Descartes admettait pour sa part qu'« une longue et fréquente méditation » est nécessaire en matière de vie morale, et que les vertus ne sont pas réellement efficientes si elles ne s'actualisent pas dans l'existence

55 Id., *Le rationalisme appliqué, Op. cit.*, p. 26.

56 Sur cette notion, on consultera le petit livre de Georges Gusdorf intitulé *La vertu de force*, Paris, PUF, 1967.

57 *Cf.* René Descartes, *Correspondance avec Élisabeth et autres lettres*, Flammarion, 1989, p. 102.

concrète. Or si le perfectionnisme est une morale en situation, qui suppose de déployer « une force de vie[58] », on s'aperçoit que les textes de Bachelard regorgent de suggestions concernant la mobilisation et l'augmentation de notre puissance d'agir, conditions sans lesquelles la pratique éthique demeure le vœu d'une « belle âme », ou d'un « philosophe de salon ». Ici, il faut suivre la piste du lien supposé entre imagination et volonté. Car il ne faut pas oublier la perspective, thématisée dans *La terre et les rêveries de la volonté*, de la mobilisation concrète de la volonté par l'imagination. Loin de s'en remettre aux seules ressources de l'intellect et de la raison, qui permettent de bien juger, Bachelard adopte une option philosophique originale, en parlant d'imagination morale et de rêveries de la volonté. On comprend, à lire ces pages, que pour lui la rêverie permet de tonifier la volonté, d'engager pleinement nos énergies dans l'action, particulièrement face aux obstacles qui nous résistent (*coefficient d'adversité*). Par un processus de valorisation affective et imaginaire, on pourrait induire en nous des illusions utiles, qui nous poussent à travailler et à agir. Et si « l'exemple, c'est la causalité même en morale[59] », alors c'est en se référant à des modèles concrets, « à notre portée », que l'on peut apprendre à s'orienter dans l'existence. Ainsi, dans l'optique de l'auto-« éducation des adultes[60] », je considère que les voies de l'imagination morale explorées par Bachelard, avec ses divers personnages et ses folles images, donnent du « grain à moudre » à la philosophie morale.

Car Bachelard s'est montré attentif, dans les réflexions qu'il a développées sur l'action, à la dynamisation de la volonté d'agir par l'usage de l'imagination, qui devient une sorte de condition de possibilité de l'agir moral. Cet aspect original de la pensée bachelardienne a été explicité et prolongé par Jean-Philippe Pierron, qui explique notamment :

> Bachelard n'est pas l'homme du règlement et des vies enrégimentées dans la discipline des mœurs, lui qui est pourtant d'une grande rigueur lorsqu'il s'agit de l'ascèse scientifique. Par contre, il envisage la philosophie morale en se rendant témoin attentif et scrupuleux de tous ces matériaux imagés qui constituent une assise pour le déploiement de l'agir et du souci de bien agir. Sur ce dernier point, il sera alors question d'une véritable enquête sur le

58 Sandra Laugier, in *La voix et la vertu, Op. cit.*, p. 28.

59 G. Bachelard, *L'air et les songes, Op. cit.*, p. 130.

60 Stanley Cavell, *Les voix de la raison*, trad. S. Laugier et N. Balso, Éditions du Seuil, 1996, p. 199.

> régime des images qui habitent et investissent l'agir humain, qui l'habillent et l'habilitent. [...] Toutefois, une précaution s'impose. La reconnaissance de l'importance de l'imagination morale n'est pas un discrédit lancé à l'égard des morales rationnelles, ni un rejet de la raison pratique. Il s'agit plutôt d'enrichir la compréhension que l'on se fait de cette dernière, afin de prendre ses distances avec une lecture pauvre des mobiles de l'action, cantonnée à la seule dimension du rationalisable. Cette dernière ne voit pas que l'image donne à l'idée morale son profil ; qu'une volonté d'agir trouve dans l'image une adéquate et mobilisatrice expression[61].

On comprend ici qu'il est question d'articuler une explication psychologique de l'action, prenant en considération le rôle central des puissances affectives dans la projection des conduites et la réalisation des actes, avec une enquête sur la valeur dynamisante des « images imaginées », qui permettent de tonifier la volonté[62]. Il s'agit de coupler la réflexion sur la nature de l'action, sans la réduire au modèle de l'action rationnelle, avec une réflexion sur les moyens qui permettent de moduler l'action, en intervenant sur les dispositions psychiques et les forces motrices qui la sous-tendent : l'action doit s'appuyer sur les énergies physiques et psychiques disponibles chez le sujet vivant.

C'est ce que montre la thématique du *tonus*, de la tonalisation du sujet, qui apparaît dans les textes consacrés à la science et à la poésie. C'est la perspective du « tonus rationaliste », qui fait dire à Bachelard que l'homme rationaliste, loin d'être désincarné, sans vie, « reconnaît, au contraire, toutes les forces de son corps, toutes les forces vigoureuses, toute la vigueur de sa pensée[63] ». Dans ce contexte, si l'on se fie à Bachelard, on peut penser que la mobilisation du sujet pensant, en prise avec un problème difficile, dépend du couplage entre la résistance du problème et la joie du dépassement, selon un schéma aux accents nietzschéens. C'est ce que semble suggérer la dernière page du *Rationalisme appliqué*, où l'on peut lire que le sujet qui parvient à comprendre le problème qui occupe ses pensées et mobilise ses efforts, est pour ainsi dire récompensé par « la joie de comprendre [qui] paie de toutes les peines[64] » endurées pendant le long travail d'enquête. Cependant, cette structure

---

61 Jean-Philippe Pierron, *Les puissances de l'imagination*, Paris, Éditions du Cerf, 2012, p. 69.

62 Bachelard envisage même une « hygiène » par les images, qui tonifie l'être entier. *Cf.* G. Bachelard, *La terre et les rêveries de la volonté, Op. cit.*, p. 338-339.

63 G. Bachelard, *L'engagement rationaliste, Op. cit.*, p. 48.

64 Id., *Le rationalisme appliqué, Op. cit.*, p. 215.

psycho-affective imbriquée, qui sous-tend la vie du sujet et donne ses valeurs psychologiques à l'action, fait l'objet d'une étude plus approfondie avec l'onirisme du travail, que ce soit dans *La terre et les rêveries de la volonté* ou « Le cosmos du fer[65] » et « Introductions à la dynamique du paysage[66] », textes où Bachelard souligne le lien intime de la volonté d'agir avec les puissances de l'imagination. On peut y lire que la mise en œuvre du travail créateur nécessite une force de motivation, qui prend source dans les affects et les images. Pour commencer, qui est « le privilège insigne de la volonté[67] », le sujet doit se sentir sollicité par la matière sur laquelle il travaille, laquelle stimule l'action par sa résistance, en activant « la fougue de la volonté[68] ». Il faut comprendre que la stimulation (ou excitation) du sujet se fait au moyen de l'imagination, qui donne au monde ou aux objets une figure d'interlocuteur (ami ou ennemi), au point qu'il devient un « tu » contre lequel agit le « je », pour reprendre les formules de Buber, que Bachelard affectionne. Ainsi, le « goût de travailler », « les joies musculaires », « l'effort créateur[69] » ont besoin d'être soutenus par un intérêt passionné, sollicité par les images de la résistance du non-moi, contre lequel le sujet peut agir par son esprit (projet rationnel), sa main (réalisation concrète) et sa parole (récit de soi). En sorte que l'imagination et la volonté semblent nécessaires à un engagement réel dans l'action.

LE PROBLÈME DE LA CAUSALITÉ MORALE

Sur quoi se fondent en dernière instance les conditions concrètes de l'agir, qui sont à la fois psychologiques, affectives et motrices, et dont l'effectivité rend possible un engagement dans l'action, au point de constituer une condition pré-morale du bien agir ? Est-il question d'une mécanique réfléchie et contrôlable, ou d'une détermination plus ou moins inconsciente du comportement humain, étant donné que

65 Id., *Le droit de rêver, Op. cit.*, p. 54-59.
66 *Ibid.*, p. 70-93.
67 *Ibid.*, p. 74.
68 *Ibid.*, p. 71.
69 Id., *La terre et les rêveries de la volonté, Op. cit.*, p. 7-8.

l'action des puissances affectives échappe dans une certaine mesure aux pouvoirs de la conscience rationnelle ? Dans quelle mesure le sujet peut-il intervenir lui-même sur sa volonté et ses dispositions psychoaffectives, dans le but d'augmenter sa puissance d'agir ? Quels sont les ressorts de la causalité intellectuelle et morale qui préside aux conduites humaines selon Bachelard, qui permet l'explication du trajet menant du projet à la décision, puis à l'action ?

Si on devait situer Bachelard dans le tableau des thèses en matière d'explication de l'action, on serait bien embarrassé, car il ne se positionne pas explicitement, notamment sur la question du libre-arbitre et du déterminisme. Néanmoins, bien que Bachelard ne thématise pas clairement sa conception de la liberté, les analyses que l'on vient de consacrer à la détermination de la volonté par les puissances affectives et imaginantes nous orientent vers une forme singulière de déterminisme. On bute alors sur une difficulté, car si Bachelard affirme que la volonté est sollicitée par l'imagination, et dépend également, pour la mise en œuvre de l'action, de facteurs infra-rationnels, il n'en demeure pas moins que son analyse de l'action défend par ailleurs farouchement la liberté de l'esprit. Doit-on y voir une contradiction ? Bachelard défend une forme de compatibilisme, conjuguant déterminisme et liberté. Sa psychologie non-cartésienne, déployée dans l'épistémologie et dans la poétique, semble se répercuter dans sa conception de la volonté, de l'action, et de l'agir moral. Loin de penser la liberté comme pouvoir de choisir indifféremment parmi des possibles, Bachelard met en œuvre une conception dynamique et processuelle de la liberté, comme mouvement de libération. On peut le voir notamment dans *L'air et les songes* :

> La métaphysique de la liberté [...] ne peut se satisfaire d'un destin linéaire où l'être, à la croisée des chemins, s'imagine libre de choisir entre la gauche et la droite. À peine le choix est-il fait que tout le chemin révèle son unité. Penser sur une telle image, c'est faire, au lieu de la psychologie de la liberté, la psychologie de l'hésitation. Là encore, il faut dépasser l'étude descriptive et cinématique du mouvement libre pour atteindre une dynamique de libération[70].

Dans cette perspective, la conception bachelardienne de l'action ne dissocie pas la volonté du monde dans lequel l'homme doit agir. Il semble que la volonté, pour Bachelard, ne soit pas en position de

70 Id., *L'air et les songes, Op. cit.*, p. 300.

spectatrice dégagée des situations dans lesquelles le sujet individuel est inséré. Agir implique un engagement au contact des choses et des êtres, et l'action possède toujours un espace-temps particulier. Or, si l'on se réfère aux analyses de *La dialectique de la durée*, on constate que Bachelard décline le rôle de la volonté selon deux possibilités de conduite : « 1) soit commencer (volonté qui déclenche) ; 2) soit continuer (volonté qui continue)[71] » . La puissance de synthèse de la volonté consiste alors à déterminer une convergence des efforts, en vue de produire une conduite qui aura une certaine durée, une stabilité, une régularité. Mais on constate aussi que Bachelard insiste sur le schème du déclic, donc sur la décision, en soulignant que « l'esprit est peut-être essentiellement un facteur de commencement[72] ». Quelle est donc l'opération de l'esprit qui intervient pour briser l'enchaînement causal des actions ? Pour saisir la position de Bachelard, qui paraît à première vue ambigüe, il faut se reporter à sa conception probabiliste de la causalité, qu'il reprend en partie de la philosophie pluraliste d'Eugène Dupréel. Décrite et prolongée dans *La Dialectique de la durée*, elle consiste en une double thèse : congédier la nécessité, défendre l'« intervalle[73] ». Celui-ci représente la distance logique et temporelle qui s'intercale entre la cause et l'effet. Il se présente comme l'occasion de rompre la chaîne causale. En sorte que le développement d'une chaîne causale, que ce soit dans l'ordre des choses ou alors dans l'ordre de l'esprit, est nécessairement accompagné de la possibilité d'événements perturbateurs imprévus, qui constituent des déviations ou des arrêts.

On peut en déduire que la conception bachelardienne de l'action affirme, à l'encontre d'un libre-arbitre dégagé de l'enchaînement temporel des instants et des actes, la possibilité pour la personne de se libérer de son expérience psychologique contingente, à condition d'introduire une rupture dans l'ordre successif du vécu. On retrouve la thématique du couplage de l'habitude et du progrès de *L'Intuition de l'instant*, qui stipule que si le sujet est constitué initialement par un faisceau d'habitudes plus ou moins contingent, il peut néanmoins en changer, mais aussi les soutenir et les consolider. Or ces deux points peuvent constituer le soubassement de l'agir moral. Car Bachelard envisage l'idée d'une « causalité

---

71 Id., *La dialectique de la durée, Op. cit.*, p. 40.
72 *Ibid.*, p. 41.
73 *Ibid.*, p. 86.

morale[74] », dont le ressort est l'exemple, qu'il soit pris chez les hommes ou dans la nature, comme on le voit dans les pages où il est question de l'héroïsme de l'arbre ou de la montagne. De ce point de vue, il faudrait approfondir l'analyse de cette causalité morale en examinant de près les images de la vie éthique concrète que Bachelard nous donne à rêver, à méditer, et à actualiser en nous. Celles-ci ne manquent pas, et parmi les cas qui paraissent instancier les vertus morales valorisées par Bachelard, on peut évoquer : 1) l'*homme studieux*, qui incarne le courage intellectuel et l'opiniâtreté de l'homme qui cherche à comprendre ; 2) le *travailleur*, qui exprime la vertu d'engagement dans une tâche sociale, ainsi que la conformité à des normes impersonnelles 3) le *graveur*, qui exemplifie la vertu de force de la volonté de construire, et constitue une figure typique de l'engagement dans la création ; 4) l'*alchimiste*, symbolisant la volonté de purification et la vertu de transformation, pris dans le jeu ambivalent des valeurs et antivaleurs, ambivalence qui se trouve une expression fondamentale dans la dialectique du bien et du mal ; 5) ou encore l'*enfant*, archétype de la vie qui commence, qui instancie la vertu d'émerveillement face à un réel qui devient « un monde qui a souvent la fraîcheur de l'enfance d'un monde[75] », alors même que « la vie use vite les premiers étonnements[76] » ; enfant idéalisé dont la spontanéité révèle un mode d'être-au-monde toujours possible, au moins dans le temps suspendu d'une rêverie. Il y a là autant de figures ordinaires auxquelles on peut s'identifier, dont on peut s'inspirer en lisant les poètes et les romanciers[77], ou même en allant au cinéma[78] !

Aussi, on a bien des raisons de penser que Bachelard est un tenant du perfectionnisme moral, dans la mesure où il donne à expérimenter en imagination, au moyen de personnages conceptuels et d'images poétiques, les valeurs humaines et les vertus morales, ainsi que les drames éthiques de l'homme réel, engagé dans la vie au contact d'un monde résistant. Je conclurai cette étude en soulignant l'importance que Bachelard accorde à l'humanisation des puissances qui dynamisent l'existence, sans céder à la tentation de soumettre les forces imaginantes

74 Id., *L'air et les songes, Op. cit.*, p. 130.

75 Id., Préface à J. Boutonnier, *Les dessins d'enfants*, Paris, Éditions du Scarabée, 1953, p. 6.

76 Id., *La poétique de l'espace, op. cit.*, p. 107.

77 *Cf.* Jacques Bouveresse, *La connaissance de l'écrivain. Sur la littérature, la vérité et la vie*, Marseille, Éditions Agone, coll. « Banc d'essais », 2008, notamment les §§ 19-20.

78 *Cf.* S. Cavell, *Le cinéma nous rend-t-ils meilleurs ?*, Bayard Jeunesse, 2010.

aux tendances qui aliment la volonté de puissance, ou inviter à reproduire de façon mimétique ce que les exemples de vie morale donnent à voir. La vie morale, comme l'action, est pour Bachelard appelée à créer des formes nouvelles, de nouvelles modalités de l'agir. C'est ce que suggère ce passage extrait du *Lautréamont* :

> C'est dans le *rêve d'action* que résident les joies vraiment humaines de l'action. Faire agir sans agir, quitter le temps lié pour le temps libre, le temps de l'exécution pour le temps de la décision, le temps lourdement continu des fonctions pour le temps miroitant d'instants des projets, remplacer la philosophie de l'action, qui est trop souvent une philosophie de l'agitation, par une philosophie du repos, puis par une philosophie de la conscience de repos, de la conscience de solitude, de la conscience de la force en réserve, telles sont les tâches préliminaires pour une pédagogie de l'imagination. Il faut ensuite partir de ce repos de l'imagination pour retrouver des motifs de pensée sûrement désanimalisée, libre de tout entraînement, retranchée de l'hypnotisme des images, nettement détachée des *catégories* de l'entendement qui sont des concrétions de prudence spirituelle, « des états fossiles du refoulement intellectuel ». On aura ainsi rendu l'imagination à sa fonction d'essai, de risque, d'imprudence, de création[79].

Je vois là les lignes de force d'une conception ouverte et plurielle de l'action, s'efforçant de conjuguer toutes les puissances et toutes les ressources de l'être de l'homme, mais qui ne peut se développer et s'actualiser que par un processus de transformation de soi engagé dans le temps et dans le monde.

Julien LAMY
Université de Lyon – IRPhiL

79 G. Bachelard, *Lautréamont, Op. cit.*, p. 154-155.

BACHELARD, BERGSON ET L'EXPÉRIENCE DE LA NOUVEAUTÉ

Entre éthique et métaphysique

Dans la notice qu'il consacre à Bergson en 1956, Gilles Deleuze écrit ceci :

> Un thème lyrique parcourt toute l'œuvre de Bergson : un véritable chant en l'honneur du nouveau, de l'imprévisible, de l'invention, de la liberté[1].

La présente étude[2] voudrait envisager trois hypothèses à partir de cette déclaration. Tout d'abord, celle-ci serait *au mot près* transposable à l'œuvre de Bachelard, à tel point que son nom pourrait, dans le passage cité à l'instant, remplacer celui de Bergson. Ensuite, prise comme fil conducteur, elle permettrait d'éclairer sous un jour inédit la relation philosophique entre les deux penseurs, au-delà ou en deçà de la critique, radicale et bien connue, menée contre Bergson par Bachelard dans son œuvre[3]. Enfin, et surtout, elle permettrait d'expliciter le lien profond qui, chez ces deux auteurs, unit éthique et métaphysique.

Tout le mérite de la formule de Deleuze est dans un premier temps de porter immédiatement l'attention au point exact où Bergson et Bachelard se rencontrent, non pas de façon discrète et marginale, mais profonde et centrale. Le terme clé de cette rencontre, à la fois concept

---

1 Gilles Deleuze, « Bergson, *1859-1941* », in *L'île déserte et autres textes*, éd. D. Lapoujade, Paris, Minuit, 2002, p. 41.

2 Nous remercions vivement Gilles Hiéronimus pour sa relecture et ses suggestions qui sont parties intégrantes de ce texte.

3 Même si elle se retrouve dans toute son œuvre, cette critique, qui est en même temps une « rupture », constitue surtout l'enjeu des deux livres que Bachelard consacre coup sur coup à la conception bergsonienne du temps : *L'intuition de l'instant* (1932) et *La dialectique de la durée* (1936). Sur ce point, voir F. Worms, « La rupture de Bachelard avec Bergson comme point d'unité de la philosophie du XXe siècle en France », in *La philosophie en France au XXe siècle. Moments*, Paris, Folio, 2009, p. 339 et s.

princeps et cellule mélodique de l'énumération deleuzienne des grands thèmes bergsoniens, est peut-être le premier : « nouveau ». Véritable mot d'ordre métaphysique, la *nouveauté* est manifestement l'objet d'une expérience décisive dans les deux œuvres.

Et d'abord dans celle de Bergson, où elle prend toute son importance à partir de 1907, dans *L'évolution créatrice*, le temps, ou plutôt la « durée », principe de toute la pensée de Bergson, se trouvant désormais définie comme « création continue d'imprévisible nouveauté ». À partir de cette date, la nouveauté apparaît à Bergson non pas comme un aspect parmi d'autres de la durée, qui s'inscrirait à la suite de ceux dégagés ailleurs, et précédemment, comme des dimensions essentielles du temps (simplicité, multiplicité, indivisibilité, hétérogénéité, etc.), mais comme son aspect désormais primitif, celui qui en révèle, par-dessus tous, la « nature profonde », c'est-à-dire créatrice :

> « Plus nous approfondirons la nature du temps, » déclare Bergson au début du livre, « plus nous comprendrons que durée signifie invention, création de formes, élaboration continue de l'absolument nouveau[4]. »

Chez Bachelard, le thème de la nouveauté se retrouve d'autre part sur les deux versants, épistémologique et poétique, de sa philosophie, fait remarquable quand on connaît l'insistante dualité qui les oppose. Bachelard l'indique d'ailleurs lui-même dans *Le rationalisme appliqué*, en une formule forte qui sonne comme un programme :

> En somme, il s'agit de réaliser profondément, philosophiquement, toute expérience de nouveauté[5].

Et de fait, à son niveau, l'esprit scientifique fait bien l'expérience, selon les mots mêmes de Bachelard, d'une « sorte de nouveauté métaphysique essentielle[6] », à la faveur de laquelle, en se rationalisant, il se transforme en profondeur. À travers l'invention scientifique, c'est lui-même que l'homme invente, et ce qu'il satisfait, c'est une aspiration fondamentale

---

4 *L'évolution créatrice*, Paris, PUF, « Quadrige », 2007, p. 11. Plus tard, en 1922, Bergson dira encore qu'à une métaphysique fondée sur l'expérience, « la durée se révélera *telle qu'elle est*, création continuelle, jaillissement ininterrompu de nouveauté » (*La pensée et le mouvant*, « Introduction », Paris, PUF, Quadrige, 2009, p. 9, nous soulignons).

5 Gaston Bachelard, *Le rationalisme appliqué*, Paris, PUF, Quadrige, 2004, p. 43.

6 Id., *Le nouvel esprit scientifique*, Paris, PUF, Quadrige, 2009, p. 11.

au changement qui définit sa destination[7]. Pourtant, c'est, semble-t-il, sur le terrain de l'imagination poétique, que, pour Bachelard, la nouveauté atteint une intensité inédite ainsi que sa portée métaphysique complète, l'image littéraire possédant cette propriété fondamentale, qui suffirait à la définir, de nous initier, dans l'élément du langage, à une expérience intégralement placée sous le signe d'un renouvellement de soi, de l'existence et du monde.

C'est qu'il y a une singularité, et peut-être un privilège, de la nouveauté poétique. Contrairement à la nouveauté rationnelle, qui s'insère encore dans une continuité relative, celle de la *rectification* d'un passé d'erreurs[8], la nouveauté poétique se présente, de son côté, selon une perspective résolument anti-bergsonienne, comme *rupture totale* avec tout passé[9], et par conséquent comme pure actualité, instantanéité radicale, surgissement imprévisible. C'est à la pointe de son effort pour élucider l'être de cette nouveauté qu'éclate toute la radicalité, toute l'envergure de la philosophie bachelardienne de l'imagination. Car aux yeux de Bachelard, la nouveauté ne signifie pas seulement la nécessaire valeur de rupture que doit assumer selon lui toute véritable littérature ou poésie, chaque image, quand elle réussit, faisant, à la manière d'un explosif, littéralement « éclater les phrases toutes faites[10] », pour ouvrir un avenir dans le langage. Elle ne renvoie pas seulement, inséparable de sa donation, à l'effet de transformation, et même de « rénovation » psychique induit par l'image sur celui qui – pour peu qu'il en soit capable – en fait l'expérience. Plus profondément, la thèse de Bachelard, qui aimante

7 Voir *La formation de l'esprit scientifique*, Paris, Vrin, 1989, p. 16 : « Par les révolutions spirituelles que nécessite l'invention scientifique, l'homme devient une espèce mutante, ou pour mieux dire encore, une espèce qui a besoin de muter, qui souffre de ne pas changer ».

8 Certes, lorsqu'il considère les transformations de l'esprit scientifique, Bachelard refuse toute forme de continuité. Sur ce point, il s'oppose à L. Brunschvicg et à la thèse d'un progrès continu de la raison dans les sciences. Toutefois, Bachelard insiste à plusieurs reprises sur l'opposition tranchée entre l'*idée scientifique*, qui possède un « long passé d'erreurs », et l'*image poétique*, qui est, au sens fort, « sans passé », pur surgissement, ce qu'il appelle encore la « fulgurance » de l'image. Sur la distinction entre les deux régimes de l'*idée* et de l'*image*, voir, notamment, *La poétique de l'espace*, Paris, PUF, Quadrige, 2011, p. 1, et *Fragments d'une poétique du feu*, Paris, PUF, 1988, p. 32.

9 Peut-être faudrait-il préciser que cette rupture concerne le passé « empirique ». Comme on le verra plus loin, l'expérience poétique fait en effet retentir en le réactivant, par l'intermédiaire d'archétypes inscrits en nous, un passé plus profond et plus lointain, que Bachelard qualifie d'« immémorial ».

10 Id., *L'air et les songes*, Paris, Le Livre de Poche, 2007, p. 325.

toute sa philosophie de l'imagination, est de nature *ontologique* : « Par le langage poétique des ondes de nouveauté courent à la surface de l'être[11] ». Il ne faut donc pas s'y tromper, l'entrée dans le poétique impose aux yeux de Bachelard une entreprise philosophique radicale, un véritable *saut dans l'ontologie*[12], et comme chez Bergson, la nouveauté engage une conception de l'Être.

Mais il y a plus. Comme nous l'avancions plus haut, la portée de cette expérience de la nouveauté n'est pas seulement métaphysique, elle est pratique, et même *éthique*. Deleuze, dans le passage qui nous sert ici de fil conducteur, ne s'y trompe pas : la nouveauté et l'imprévisibilité, bien loin de marquer le règne du chaos, de l'arbitraire et du hasard, ouvrent directement sur celui de l'invention, et même de la *liberté*. Chez Bergson, comme chez Bachelard, l'expérience de l'être comme nouveauté est en même temps une conquête, une émancipation, une victoire sur l'inertie, en un mot, une *libération*, et, réciproquement, la perspective éthique est inséparable chez eux d'une expérience métaphysique (qui est expérience du *changement*[13]). Ainsi, *chez Bergson comme chez Bachelard, le cœur de l'Être bat au rythme d'une création incessante de nouveauté, et ce battement est accessible dans une expérience qui n'en est pas seulement la saisie extérieure et purement contemplative, sur un plan purement théorique, mais aussi la reprise et la continuation, sur un plan pratique*, de sorte que les deux penseurs souscriraient à la belle formule de Merleau-Ponty, selon laquelle l'Être est « *ce qui exige de nous création*, pour que nous en ayons l'expérience[14] ». Pas question donc d'en rester à l'extériorité du sujet et de l'objet. Tout contact avec l'être suppose un changement total de notre être. À bien

11 Id., *La poétique de l'espace*, *Op. cit.*, p. 199.

12 Cette expression, qui revient comme un leitmotiv et un mot d'ordre dans *Le bergsonisme* de G. Deleuze (voir par exemple *Le Bergsonisme*, Paris, PUF, 1966, p. 52), où elle signifie littéralement « sortir de la psychologie », s'appliquerait aussi bien au geste accompli par Bachelard sur le versant poétique de son œuvre, dès lors que l'imagination, prise dans son sens profond, ne doit plus être comprise comme une simple « faculté », mais comme un « principe » de l'être.

13 Nous rejoignons ici Étienne Bimbenet dans sa belle étude « La grande vertu de l'imagination verticale. Merleau-Ponty et Bachelard » (in *Après Merleau-Ponty*, Paris, Vrin, 2012), où il soutient qu'entre Bachelard et Merleau-Ponty, la convergence est troublante autour d'une « éthique du point de vue ontologique ». Nous ajouterions pour notre part que Bergson – dont ils sont l'un et l'autre lecteurs – est celui qui permet précisément de les relier *sur ce point*.

14 Maurice Merleau-Ponty, *Le Visible et l'Invisible*, Paris, Gallimard, coll. Tel., 1964, p. 261, souligné par Merleau-Ponty.

des égards, Bergson et Bachelard s'inscriraient dans la tradition antique des « exercices spirituels », pour reprendre l'expression fameuse de Pierre Hadot[15] : pour chacun, la philosophie ne doit pas être coupée de l'existence, mais conduire au contraire à une transformation pratique de soi qui libère de tout ce qui arrête ou ralentit notre dynamisme constitutif, de tout ce qui entrave ou rétrécit notre être et notre vie. Ainsi, s'exercer à l'intuition philosophique, au sens où Bergson l'entend, c'est-à-dire « voir toutes choses *sub specie durationis*[16] », ou, comme Bachelard nous y invite, se livrer « corps et âme[17] » aux mouvements extraordinaires de l'imagination, en reprenant et en prolongeant la « rêverie œuvrante[18] » des poètes, ce sera, dans les deux cas, même si c'est par des voies différentes, « revivifier » ou « revitaliser » l'existence, « tonifier » la vie, selon des termes qui circulent à l'identique chez les deux penseurs, un même chiasme unissant dans leurs œuvres, la pensée et la vie, la métaphysique et l'éthique, « l'être et le bien-être[19] », pour nous délivrer de l'angoisse et nous conduire à la *joie* – affect central et profond chez l'un et l'autre, et qui, comme chez Spinoza, signe le passage à une perfection plus grande, c'est-à-dire à une augmentation simultanée de notre puissance de connaître, mais aussi d'agir et d'exister.

L'EXPÉRIENCE DE LA NOUVEAUTÉ

À la lecture de leurs œuvres, la convergence est en effet étonnante entre Bergson et Bachelard dans leur effort commun pour reconduire avec insistance à l'expérience de la *nouveauté* comme à une expérience fondamentale, à laquelle, pour chacun, l'art nous invite sans aucun doute de manière privilégiée, mais dont seule une méthode philosophique peut

---

15 Voir Pierre Hadot, *Exercices spirituels et philosophie antique*, Paris, Albin Michel, 2002. Hadot définit l'exercice spirituel comme une « pratique destinée à opérer un changement radical de l'être » (*Qu'est-ce que la philosophie antique ?*, Paris, Folio, 1995, p. 271) ; sur ce point, voir l'article de Julien Lamy, « Bachelard et la tradition des "exercices spirituels" », dans J.-J. Wunenburger (dir.), *Science et poétique, une nouvelle éthique ?*, Paris, Herman, 2013.

16 Henri Bergson, *La pensée et le mouvant*, *Op. cit.*, p. 142.

17 Expression récurrente sous la plume de Bachelard.

18 G. Bachelard, *La poétique de la rêverie*, Paris, PUF, Quadrige, 2011, p. 156.

19 Selon le jeu de mots proposé par Bachelard, dans *Ibid.*, p. 166.

dégager l'importance et la signification métaphysique. Toutefois, avant même sa signification, c'est la *tonalité* sous laquelle cette expérience est invoquée par les deux auteurs, qui est étrangement consonante. De loin en loin, l'accueil qu'ils réservent à la nouveauté se fait à chaque fois sur le mode d'une *exclamation*. Ainsi, à la fin de *La poétique de la rêverie*, dans l'une des toutes dernières pages de son œuvre, Bachelard s'écrie : « Quelle nouvelle vie qu'une vie où les événements sont suscités par des images[20] ! » Quelques lignes plus loin, transporté par l'image d'un poème de Jacques Audiberti, il s'émerveille : « Cette eau qui "se lève", cette eau dressée, cette eau debout, quel nouvel être[21] ! » Une telle exaltation au contact du nouveau, si fréquente sous la plume de Bachelard dans ses livres sur l'imagination poétique, n'est qu'en apparence celle d'un collectionneur de curiosités rhétoriques. Sa portée est plus profonde. Elle émane du foyer même de toute sa phénoménologie des images : la nouveauté doit être systématiquement rapportée à l'imagination, dont elle révèle l'essence, « la fonction propre[22] ».

De son côté, on l'a noté plus haut, c'est à partir de 1907 et de *L'évolution créatrice*, que la nouveauté passe au premier plan de la pensée de Bergson. Or, c'est justement au moment même où la nouveauté devient le critère majeur de la durée, que, dans sa formulation, la philosophie de Bergson prend un accent plus triomphal, plus *lyrique* comme Deleuze le note avec justesse[23], l'intuition de la durée s'approfondissant désormais en une admiration, un « étonnement » devant « la création sans cesse renouvelée que le tout du réel, indivisé, accomplit en avançant[24] ». C'est de ce même

20 *Ibid.*, p. 176.

21 *Ibid.*

22 G. Bachelard, *L'air et les songes*, *Op. cit.*, p. 146. Au début de ce même ouvrage (*ibid.*, p. 5-6), Bachelard dit même de l'imagination qu'elle est « dans le psychisme humain l'expérience même de l'*ouverture*, l'expérience même de la *nouveauté* », en soulignant ces deux termes profondément bergsoniens.

23 Chez Bergson, comme chez Bachelard, le lyrisme (« dans » leur philosophie, mais aussi, pourrait-on ajouter, « de » leur philosophie) est intrinsèquement lié à la nouveauté. Bergson note ainsi que les « explosions de lyrisme », que l'on rencontre dans l'enseignement de Socrate, dans la mesure où elles « ont livré passage à un esprit nouveau, (expression bachelardienne s'il est !) ont été décisives pour l'histoire de l'humanité » (*Les deux Sources de la morale et de la religion*, Paris, PUF, Quadrige, 2008, p. 62). De même, pour Bachelard, « chanter » la réalité, ainsi que font les poètes, c'est invoquer des images « qui dépassent la réalité » (*L'eau et les rêves*, Paris, Livre de Poche, 1993, p. 25), autrement dit des images *nouvelles*.

24 H. Bergson, *L'évolution créatrice*, *Op. cit.*, p. 218.

étonnement que Bergson repart, sur un mode exclamatif justement, au début de son fameux essai sur *Le possible et le réel*, tandis qu'il revient sur l'ensemble de sa philosophie et sur l'impression de nouveauté qui s'impose à lui devant l'excès du réel sur la pensée :

> J'ai beau me représenter le détail de ce qui va m'arriver : combien ma représentation est pauvre, abstraite, schématique, en comparaison de l'événement qui se produit[25] !

Or, chez Bergson, comme chez Bachelard, cette forme exclamative engage bien davantage qu'un simple effet de style. Elle revêt une triple signification au moins.

Elle traduit tout d'abord une *surprise* qui est l'expression d'une attitude philosophique profonde, fondée sur la conviction que la pensée ne détient pas *a priori* l'intégralité des conditions de son exercice. Cette surprise est en effet suscitée par l'irruption, dans l'expérience, de quelque chose qui ne peut être ni déduit, ni construit par la pensée, mais seulement *rencontré*, ce qui lui donne d'autant plus de force. Mais l'exclamation devant la nouveauté, pour Bergson comme pour Bachelard, ne marque pas tant une stupéfaction du sujet, qu'une intensification de l'expérience : le moment de la prise de conscience métaphysique du réel s'invente littéralement sous nos yeux. C'est pourquoi, chez les deux penseurs, enfin, cette exclamation renvoie moins à un saisissement qu'à un enthousiasme, et même à une « joie » : *chez Bergson comme chez Bachelard, la joie est l'affect systématiquement associé à l'expérience de la création.* Bergson souligne fortement cette parenté dans un passage important et fameux de *L'énergie spirituelle*, dans lequel il distingue le plaisir de la joie[26], cette dernière surgissant, d'après lui, seulement chez celui qui, à travers une création individuelle, prend conscience qu'il fait beaucoup plus que simplement *conserver la vie*, processus général et anonyme, mais qu'il enrichit le monde d'un être nouveau et *singulier* (un enfant, une entreprise florissante, une invention, une œuvre, pour reprendre les exemples donnés par Bergson), dans un surcroît d'être et d'effort donc qui, empiriquement, indique à la fois la « destination » pratique de l'homme et la « direction » métaphysique de la vie.

25 Id., « Le possible et le réel », in *La pensée et le mouvant*, *Op. cit.*, p. 99.
26 G. Bachelard, *L'énergie spirituelle*, Paris, PUF, Quadrige, 2009, p. 23-24.

Or, lorsque dans sa métaphysique de l'imagination, Bachelard en appelle à « un approfondissement tout intime de la joie d'imaginer[27] », ou lorsqu'il se donne encore la tâche d'« aller à l'origine de la joie de parler[28] », c'est bien selon cette même inspiration profondément bergsonienne. Bachelard revendique d'ailleurs explicitement cette filiation, au début de *La poétique de l'espace*, en se référant au célèbre passage de *L'énergie spirituelle* sur la joie, qu'il mobilise dans une conception de la lecture comme acte de participation métaphysique à la création poétique. Selon lui, en lisant « le lecteur participe à cette joie de création que Bergson donne comme le signe de la création[29] ». Tel est donc l'apport bergsonien décisif : si partout où de la joie est ressentie, il y a *réellement* de la création, alors la joie de lire les poètes ne peut être à son tour que le signe d'une participation (non pas illusoire donc, mais bien réelle !) au travail de création poétique, de sorte que se trouverait ainsi vérifiée, dans l'expérience concrète, la thèse bachelardienne qui fonde toute sa poétique, selon laquelle la lecture enthousiaste saisit l'image dans l'instant de son actualisation.

Mais la proximité des deux auteurs ne s'arrête pas là. Pour l'un comme pour l'autre en effet, cette nouveauté métaphysique ne s'offre pas spontanément. Elle est même, pour Bachelard comme pour Bergson, ce qui *d'abord* nous échappe. Selon Bergson, l'obstacle tient à une tendance primitive de la vie, l'action sur la matière, et à une faculté qui définit l'homme, l'intelligence, dont la fonction est d'abstraire les choses du temps, où elles se déploient d'abord, afin de les projeter dans une autre dimension, celle de l'espace, où, pour les besoins de l'action, elles se juxtaposent distinctement afin que nous en disposions. Ce faisant, l'intelligence se définit négativement par son incapacité structurelle à saisir la nouveauté :

> Justement parce qu'elle cherche à reconstituer, et à reconstituer avec du donné, l'intelligence laisse échapper ce qu'il y a de *nouveau* à chaque moment d'une histoire[30].

Cette incapacité s'illustre de manière exemplaire dans le domaine de l'action, où notre intelligence « toujours [...] négligera la part de

27 Id., *Fragments d'une poétique du feu*, *Op. cit.*, p. 29.

28 *Ibid.*, p. 54.

29 Id., *La poétique de l'espace*, *Op. cit.*, p. 10 ; Bachelard renvoie en note au célèbre passage de « La conscience et la vie », où Bergson distingue le « plaisir » de la « joie ».

30 Id., *L'évolution créatrice*, *Op. cit.*, p. 164, souligné par Bergson.

nouveauté ou de création inhérente à l'acte libre, toujours [...] substituera à l'action elle-même une imitation artificielle, approximative, obtenue en composant l'ancien avec l'ancien et le même avec le même[31] ». De la même manière, pour Bachelard, il existe bien un obstacle majeur à la saisie de la nouveauté dans l'expérience. Mais, selon lui, c'est dans le domaine du *langage*, que l'obstacle joue à plein – et c'est d'ailleurs encore dans le langage qu'il peut être surmonté, en un geste par lequel Bachelard joue Bergson contre lui-même, en dépassant la thèse bergsonienne du langage comme instrument de symbolisation à visée pragmatique, en direction de sa dimension poétique, c'est-à-dire créatrice[32]. Lorsque nous parlons, tout se passe en effet, selon Bachelard, comme si, le plus souvent, nous nous en remettions à « l'automatisme du langage », « le plus insidieux des automatismes[33] », qui étouffe en nous « des milliers de forces parlantes[34] », en nous soumettant non seulement, sur le plan psychique, à tout un ensemble de règles traditionnelles, images toutes faites, significations déjà constituées, mais encore, sur le plan physique, à une véritable « censure nerveuse », qui sans cesse comprime « dans ses normes sclérosées les résonances permises aux cordes vocales[35] ». De la sorte, tout se passe comme si c'était le corps entier qui se trouvait, par cette « carence » d'images, atteint et diminué dans sa puissance d'agir. Inversement, sous l'effet de la déclamation poétique, l'afflux de « symphonies nerveuses », l'action de « mille forces d'évolution », de mille forces « fougueuses » et « multiples », inondent le corps comme le psychisme, et inspirent de nouvelles possibilités d'agir, ou plutôt de nouveau la possibilité d'*agir*, dès lors que les automatismes nous enferment toujours déjà dans la reproduction des mêmes schèmes sensori-moteurs.

Chez les deux auteurs, ce même obstacle à la nouveauté, dans l'attitude spontanée et naturelle, est inconsciemment reconduit dans l'attitude théorique, par conséquent tout aussi inapte à saisir la nouveauté dans l'expérience. C'est ainsi le cas, chez Bergson, de l'associationnisme face à l'acte libre, ou le cas encore, chez Bachelard, de la psychologie et de la psychanalyse face au langage, toutes deux incapables de capter « la

31 *Ibid.*, p. 270-271.
32 Voir Id., *La poétique de l'espace*, *Op. cit.*, p. 10.
33 *Ibid.*, p. 17.
34 Id., *L'air et les songes*, *Op. cit.*, p. 316.
35 *Ibid.*

nouveauté essentielle de l'image poétique[36] », qu'elles considèrent au mieux comme un accident ou un lapsus. Cette incapacité est d'ailleurs pointée par Bachelard en des termes explicitement bergsoniens, puisque ce qui est manqué, la nouveauté linguistique, n'est rien d'autre que la « vie du langage », ce qu'il y a de *vital* dans le langage, la nouveauté qui fulgure à travers les paroles poétiques, pouvant être considérée comme une « des manifestations de l'élan vital », « un type tout humain d'élan vital[37] ». D'une manière générale, pour Bachelard, comme pour Bergson, le tort de l'attitude théorique est d'envisager la nouveauté à travers une démarche causale qui consiste à l'expliquer en la rabattant sur des antécédents, la tâche s'ouvrant d'inventer une tout autre démarche, où la nouveauté serait enfin pensée et reconnue dans son surgissement. Car nous ne sommes pas condamnés à manquer la nouveauté. Mais l'appréhender ne sera possible qu'à la condition de passer par un niveau d'élucidation spécifique qui supposera à chaque fois une *rupture* avec l'attitude naturelle. Qu'il s'agisse de l'intuition chez Bergson, à laquelle celui-ci assigne la tâche « d'aller chercher l'expérience à sa source[38] », avant donc qu'elle ne devienne humaine, c'est-à-dire avant qu'elle ne se morcelle en objets pour répondre à nos sollicitations pragmatiques, ou qu'il s'agisse encore de l'imagination poétique qui est, chez Bachelard, retour à une mobilité primitive, antérieure au monde fragmenté de la perception, nous serons reconduits, dans les deux cas, aux limites de l'expérience humaine, et même invités à *dépasser la condition humaine*, en accédant à une expérience sur-humaine ou supra-humaine, Bachelard n'hésitant pas pour son compte à définir l'imagination comme « une faculté de surhumanité[39] ».

Mais de quelle manière accéderons-nous à la nouveauté ? Chez Bachelard, l'être poétique ne peut être appréhendé dans son originalité

36 Id., *La poétique de l'espace*, *Op. cit.*, p. 8. Sur ce point, on peut souligner une évolution dans la philosophie bachelardienne de l'imagination. C'est en effet autour du critère de la nouveauté précisément, que les enjeux critiques se radicalisent de plus en plus, selon un déplacement remarquable à mesure que les enjeux ontologiques montent en puissance : dans un premier temps, celui de la « psychanalyse des éléments », c'est la *matérialité* des images qui, selon Bachelard, est manquée par la psychologie, tandis que, dans un second temps, celui de la poético-analyse, c'est avant tout la *nouveauté* de l'image que la psychologie *et* la psychanalyse se montrent constitutivement incapables d'appréhender comme telle.

37 Id., *Fragments d'une poétique du feu*, *Op. cit.*, p. 53.

38 H. Bergson, *Matière et mémoire*, Paris, PUF, Quadrige, 2008, p. 205.

39 G. Bachelard, *L'eau et les rêves*, *Op. cit.*, p. 26.

vive, que dans le cadre de ce qu'il appelle une « ontologie directe », « l'ontologie du poétique », à laquelle ouvre l'imagination, et dont la seule méthode valable est à ses yeux la *phénoménologie* : « Par principe, la phénoménologie liquide un passé et fait face à la nouveauté[40] ». La méthode phénoménologique[41] consiste à recevoir l'image dans sa valeur d'actualité pure, dans le moment de son émergence. C'est dans ce cadre qu'il faut comprendre le sens précis que Bachelard accorde à l'*admiration*. Il ne s'agit pas d'une jouissance passive devant telle ou telle image. Au contraire, pour que l'image se donne dans sa nouveauté radicale, *il faut* l'admirer : « On ne reçoit vraiment l'image que si on l'admire[42] ». L'admiration n'est donc pas postérieure à la donation de l'image, elle la précède : ce n'est pas à la condition qu'elle me soit donnée, que je peux admirer une image, mais c'est à la condition de l'admirer qu'une image m'est réellement, pleinement donnée. En un sens, l'admiration est même le mode même de donation de l'image, puisque celle-ci se confond avec sa nouveauté. L'émerveillement apparaît donc comme une conquête positive, le fruit d'une attitude méthodiquement adoptée qui s'efforce de rejoindre l'image dans le moment de sa venue à l'être. Mais en se situant ainsi au plus près de l'image en train de se faire, Bachelard se rapprocherait de ce que Bergson appelle « intuition », puisque ce à quoi il en appelle, comme Bergson, n'est rien d'autre qu'un acte de participation qui consiste à « revivre » ou « vivre à rebours » une création, mais de telle sorte qu'elle se donne dans l'imprévisibilité même de son processus.

Par là nous touchons au point où la proximité philosophique entre Bergson et Bachelard est peut-être la plus grande : ce à quoi la philosophie doit faire droit, c'est à *l'imprévisibilité* comme détermination essentielle de la nouveauté. Ce qui est nouveau pour moi est aussi imprévisible en soi, qu'il s'agisse d'une « image », d'un « acte » ou d'un « moment » du temps. La différence est pourtant grande entre les deux penseurs : si pour Bergson l'imprévisibilité est une donnée immédiate

40 *La poétique de l'espace*, *Op. cit.*, p. 15.

41 Au même moment, Bachelard rejoindrait d'autres entreprises majeures de son époque, comme celle de Levinas par exemple, pour penser, avec et au-delà de la phénoménologie, l'avènement d'une différence radicale, incommensurable. Mais chez lui, cette différence ne se produirait pas tant dans la transcendance d'une « altérité », que dans l'immanence d'une *altération* : altération de soi dans et par le langage, singulièrement celui de la poésie.

42 Id., *La poétique de la rêverie*, *Op. cit.*, p. 46.

de l'expérience, elle est pour Bachelard une tâche, la tâche la plus haute de l'imagination poétique, « rendre imprévisible la parole[43] », et celui-ci de s'en prendre à « l'ensemble des critiques littéraires » qui, selon lui, « ne prennent pas assez conscience de cette imprévisibilité qui, précisément, dérange les plans de l'explication psychologique habituelle[44] ». C'est dans cette perspective notamment qu'on doit comprendre le caractère que Bachelard appelle *excessif* de toute grande image littéraire. Mais par-là, il faut entendre non seulement l'*intensité* exceptionnelle de la grande image poétique qui porte à leurs limites les significations usuelles du langage, mais aussi le *débordement* et la déroute qu'elle impose à nos facultés ordinaires d'agir et de comprendre, selon un mouvement que Bachelard appelle de « montée à l'échelle cosmique[45] », et qui inspire de nouvelles manières d'être-au-monde et corrélativement de nouvelles possibilités d'action. Bachelard en trouve un exemple remarquable chez Nietzsche. Les « images nietzschéennes » doivent être, selon lui, prises au sérieux. Elles livrent, à qui sait les vivre, une véritable « physique expérimentale de la vie morale », elles « donnent soigneusement les mutations d'images qui doivent induire les mutations morales[46] ». Tout une psychanalyse de la pesanteur se met alors en place, corrélative d'une psychologie ascensionnelle qui vise à nous libérer de « notre être pesant », en s'efforçant de promouvoir un psychisme aérien dominé par des images dont l'engramme dynamique est celui du « rêve de vol » :

> Ainsi nous anéantirons notre *double* pesant, ce qui, en nous, est *terre*, ce qui, en nous, est *passé intime caché*. Alors notre *double* aérien resplendira. Alors nous surgirons *libres* comme l'air[47].

Cependant, chez Bergson comme chez Bachelard, l'imprévisibilité ne marque pas, pour autant, la limite de toute intelligibilité, elle ne renvoie à aucune dissolution de l'expérience, à aucun déficit de rationalité. Que l'imprévisibilité n'implique pas l'arbitraire, et qu'elle ne soit pas incompatible avec la création d'un sens, c'est précisément ce que

43 Id., *La poétique de l'espace*, *Op. cit.*, p. 10.
44 *Ibid.*, p. 3.
45 *L'air et les songes*, *Op. cit.*, p. 211.
46 *Ibid.*, p. 193.
47 *Ibid.*, p. 185.

montre l'exemple récurent de l'artiste chez Bergson. De ses œuvres, qui, avant d'être créées sont inanticipables (si ce n'est dans leurs caractéristiques générales, du moins dans leur détail), nous ne dirions pourtant pas qu'elles sont « gratuites[48] ». Elles révèlent bien une intention et une cohérence, mais qui sont toujours *rétrospectives*, faute de quoi il ne servirait à rien de créer.

De même, pour Bachelard, la création poétique n'est pas un chaos sans objectivité. Il en appelle même à l'institution, pour chaque poète, d'un « diagramme qui indiquerait le sens et la symétrie de ses coordinations métaphorique[49] ». Mais comme chez Bergson :

> C'est *après coup*, objectivement, après l'épanouissement, que nous croyons découvrir le réalisme et la logique intime d'une œuvre poétique[50].

Ainsi, il s'agit bien d'exhiber un *ordre* de l'imagination, c'est-à-dire, d'une part, un ensemble de régularités, une « logique », des « lois », d'après lesquelles elle crée, et, d'autre part, un domaine (Bachelard dit souvent un « règne ») qui lui soit propre, à l'intérieur duquel elle peut être abordée selon une intelligibilité réelle. Mais chez les deux penseurs, il y a place, à côté de cette intelligibilité rétrospective, pour une rationalité plus haute, qui *coïnciderait* cette fois avec l'acte créateur dans son imprévisibilité même : celle de l'intuition chez Bergson, de la phénoménologie pour Bachelard.

Parvenu à ce point, on le voit, la proximité entre Bergson et Bachelard est réelle et impressionnante. Pour autant, la différence entre eux est radicale, et passe à l'intérieur même de la nouveauté. Car il s'en faut de beaucoup que nous ayons affaire à la même conception de la nouveauté, à la même expérience. La nouveauté poétique est, pour Bachelard, fondamentalement *discontinue*. Elle possède une verticalité constitutive qui tranche radicalement avec la nouveauté bergsonienne qui est, de son côté, essentiellement *continue* : « L'image poétique », écrit ainsi Bachelard, « est vraiment un instant de la parole, instant qu'on saisit mal si on veut le

48 Jean-Paul Sartre mobilisera exactement la même analyse (sans citer Bergson) dans la réponse au reproche adressé à l'existentialisme de promouvoir l'arbitraire en morale, dès lors qu'il n'y a plus de valeurs *a priori*, mais seulement la liberté de celui qui choisit. Voir Sartre, *L'existentialisme est un humanisme*, Paris, Folio, 1996, p. 64 et s.

49 *La psychanalyse du feu*, Paris, Gallimard, Folio essais, 2009, p. 185, c'est Bachelard qui souligne.

50 *Ibid.*, p. 186, c'est nous qui soulignons.

placer dans l'indéchirable continuité d'une conscience bergsonienne[51] ». La verticalité du temps poétique joue dans toute l'œuvre de Bachelard comme un puissant motif anti-bergsonien. L'instantanéité poétique est comme une immobilisation du temps, une échappée dans le temps qui est pourtant encore du temps, selon une thèse qui s'oppose à la continuité temporelle de Bergson en vertu de laquelle il y a du nouveau non pas partout, mais tout le temps, à *chaque* instant ! Pour Bachelard, la nouveauté est au contraire *rare*, susceptible d'être expérimentée seulement en certains moments exceptionnels, ceux où une image inédite à laquelle nous sommes parvenus à nous hisser, nous est offerte par le poète. Par-là, Bachelard aperçoit surtout du nouveau, comme entrevu plus haut, dans l'élément même qui paraît en empêcher le surgissement chez Bergson, celui du *langage*. Bachelard est tout à fait conscient de cette proximité dans la plus grande distance, lorsqu'il revendique la pratique d'un « micro-bergsonisme » qui proposerait, à la faveur de la lecture poétique, une expérience de la création à travers de petits élans linguistiques qui « dévient la ligne ordinaire du langage pragmatique[52] ». Bachelard en dégage une hypothèse :

> Un micro-bergsonisme qui abandonnerait les thèses du langage-instrument pour adopter la thèse du langage-réalité trouverait dans la poésie bien des documents sur la vie tout actuelle du langage[53].

On ne saurait cependant en rester là. Cette première distinction entre Bergson et Bachelard a des racines plus profondes. En effet, ce ne sont pas seulement deux *expériences* de la nouveauté, l'une continue l'autre discontinue, qui doivent être distinguées, mais, plus fondamentalement, les deux *métaphysiques* de la nouveauté issues de ces deux expériences, l'une fondée sur la *perception*, l'autre sur l'*imagination*.

---

51 Id., *Fragments d'une poétique du feu*, *Op. cit.*, p. 32.
52 Id., *La poétique de l'espace*, *Op. cit.*, p. 10.
53 *Ibid.*

ENTRE PERCEPTION ET IMAGINATION : DEUX MÉTAPHYSIQUES DE LA NOUVEAUTÉ

À nouveau, la différence entre Bergson et Bachelard n'apparaîtra qu'une fois exhibée l'affinité profonde de leur projet. Or, si leur métaphysique de la nouveauté respective tourne autour de deux facultés aussi différentes, voire opposées, que la perception et l'imagination, la tâche qu'ils assignent à chacune paraît pourtant très proche : « restitu[er] [...] à toute chose son mouvement propre[54] ». On s'en aviserait aisément en croisant la lecture de « La perception du changement » de Bergson, avec celle d'« Imagination et mobilité », le chapitre introductif de *L'air et les songes*. À lire ce dernier texte, on constate que Bachelard souscrirait parfaitement à la formule de Bergson que l'on trouve à la fin de « La perception du changement » :

> Tout s'anime autour de nous, tout se revivifie en nous. Un grand élan emporte les êtres et les choses. Par lui nous nous sentons soulevés, entraînés, portés[55].

Pour les deux penseurs, il s'agit bien, en effet, de renouer avec cette dimension profonde de l'expérience où les choses n'ont plus aucun contour bien net par lequel elles pourraient offrir une prise à nos actions, mais où elles se fondent dans la totalité sans cesse changeante du réel. L'intention philosophique commune à Bergson et à Bachelard, d'ailleurs justement dégagée comme telle par ce dernier à la fin de *L'air et les songes*, est celle d'un *retour au changement*. Contre « la philosophie du concept », écrit Bachelard, le bergsonisme revendique en effet l'« étude directe du changement comme une des tâches les plus urgentes de la métaphysique[56] ». Mais sur cette voie, Bachelard exige non seulement une perspective autre que celle de son prédécesseur, mais aussi, et surtout, une radicalité plus grande, Bachelard reprochant à Bergson de n'avoir pas pensé le mouvement réel, faute de reconnaître la « puissance de devenir[57] » propre à l'imagination qui seule nous donne accès à lui.

54 Id., *L'air et les songes*, *Op. cit.*, p. 9.
55 H. Bergson, « La perception du changement », in *La Pensée et le mouvant*, *Op. cit.*, p. 176.
56 Id., *L'air et les songes*, *Op. cit.*, p. 331.
57 *Ibid.*, p. 332.

Mais au-delà de Bergson et de Bachelard, cette déclaration servirait assurément de programme à toute une constellation de philosophies contemporaines[58] sous-tendues par une ontologie dynamique qui, selon des coordonnées et sur des lignes certes à chaque fois différentes, se montrent avant tout soucieuses d'appréhender l'Être comme une puissance de transformation. Chacune sur une voie propre, mais selon une orientation commune, ces philosophies, selon les termes que nous empruntons à G. Deleuze[59] :

> [...] se détournent de l'Éternel pour appréhender le nouveau, conformément à la question qui commença à naître au XXe siècle, comment est possible dans le monde la production de quelque chose de nouveau[60] ?

Or, pour Bachelard comme pour Bergson, il n'y a de nouveauté qu'à la faveur d'un dynamisme fondamental qui est moins mouvement que *changement*, et qui doit être compris non pas comme un déplacement local de parties *dans* le monde, ou *dans* la réalité, mais comme une transformation globale *du* monde, ou *de* la réalité. Qu'une espèce vivante surgisse, par exemple, et c'est, selon Bergson, en profondeur, la vie dans son ensemble qui est modifiée ; qu'une image nouvelle vienne au monde par la grâce d'un poète, et c'est, selon Bachelard, le monde entier, soudain placé sous le signe de cette image, qui change !

Mais pour renouer avec ce dynamisme fondamental, Bergson et Bachelard empruntent deux voies radicalement distinctes, en effectuant cependant le même geste théorique : non pas invoquer une faculté inédite, mais réinvestir et ré-intensifier une faculté déjà existante en la haussant à un usage supérieur. Pour Bergson, il s'agit de la *perception*, et, pour Bachelard, de *l'imagination*, chaque faculté ainsi reconquise ouvrant directement sur une *philosophie du changement*. Si la perception et l'imagination doivent être revalorisées, c'est, pour les deux penseurs, contre toute une tradition qui les a longtemps reléguées au royaume des ombres, dans une même opposition à la rationalité du concept. À la faveur de cette restauration, il s'agira, du côté de Bergson, de

58 Au-delà de Bergson et Bachelard, on peut penser notamment à Simondon, Merleau-Ponty et Deleuze.

59 Voir Gilles Deleuze, « Qu'est-ce qu'un dispositif ? », in *Deux régimes de fous*, Paris, Minuit, 2003, p. 321.

60 *Ibid.*

comprendre la perception autrement que comme une faculté dont les limites exigent la suppléance de l'abstraction et du raisonnement, et, du côté de Bachelard, de considérer l'imagination autrement que comme une faculté de reproduction ou d'illusion, comme l'ont fait trop souvent, selon lui, la philosophie, mais aussi la psychologie. À cette condition, et sur ces deux voies, nous serons dès lors remis en contact avec le cœur métaphysique de la réalité qui est nouveauté.

C'est donc Bergson qui inaugure cette philosophie du changement dans la conférence de 1911 mentionnée plus haut, et dont le titre, « La perception du changement », doit être entendu à la fois comme un programme et comme un paradoxe. Comme un programme, tout d'abord, et même comme un défi opposé à toute la philosophie, accusée par Bergson d'avoir recherché la vérité en fuyant le changement, tandis qu'il s'agirait de renouer avec le changement en vérité, c'est-à-dire dans sa réalité. D'où le titre : si le changement est bien quelque chose de *réel*, c'est parce qu'il peut être *perçu*. C'est là pourtant quelque chose de paradoxal, quand on sait que la perception constitue d'abord pour Bergson une fonction pragmatique, et qu'à ce titre, son rôle ordinaire est de découper et d'immobiliser le réel en objets pour en disposer. Mais, si Bergson maintient le terme de perception, c'est pour indiquer que le changement est bien à notre portée, qu'il n'exige aucune faculté nouvelle, simplement une intensification et un dépassement de celle qui est la nôtre, à la faveur duquel elle prendra la valeur d'une intuition, autrement dit d'un contact avec l'être.

Face à la perception, l'imagination ne représente pas seulement une voie différente, mais une perspective divergente. Bachelard le dit en une formule célèbre et radicale, au début de *L'air et les songes* : « Percevoir et imaginer sont aussi antithétiques que présence et absence[61] ». Une telle opposition est commandée par une conception originale de l'imagination qui en fait la faculté non pas de « former » les images, mais celle de les « déformer ». Car il y a deux types d'images. Il y a d'abord les images fournies par la perception, les images matérielles premières, celles qui naissent dans notre chair et nos organes, et qui fondent notre rapport primitif au monde[62]. Or, la fonction poétique consiste justement à nous

---

61 Id., *L'air et les songes*, *Op. cit.*, p. 8.

62 Sur cette forme première de l'imagination, voir Emmanuel de Saint-Aubert, *Du lien des êtres aux éléments de l'être. Merleau-Ponty au tournant des années 1945-1951* (Paris, Vrin, 2004),

libérer de ces images premières, ou plutôt à les changer, à les transformer. Telle est l'opération lyrique fondamentale : *chanter* la réalité, c'est la *changer*, c'est-à-dire la dépasser dans sa dimension de donnée, pour la recréer. Ce n'est qu'à la condition d'opérer ce changement, à travers ce que Bachelard appelle une « action imageante », que l'imagination conquiert son essence positive, car c'est alors qu'elle cesse de se confondre avec la perception. On comprend alors que l'attitude poétique ne peut être purement passive. Elle ne consiste pas en un abandon à ce flux d'images premières. Elle consiste à mettre ces images dans un état de variation continue, qui exige donc une création, et qui débouche sur des unions inattendues, une prodigalité d'images aberrantes, sans lesquelles il n'y aurait rien de nouveau, mais seulement une mémoire familière faite d'associations et d'habitudes en nous, et l'uniformité de la nature autour de nous.

Bergson se montre certes moins tranché dans celui de ses livres où le concept d'image occupe la place la plus importante : *Matière et mémoire* (1896). Perception et imagination sont loin de s'opposer totalement, et d'un certain point de vue, la seconde contribue au fonctionnement de la première. Toutefois, si l'imagination joue un rôle décisif du point de vue de la perception, c'est en rendant possible l'objectivation de celle-ci dans l'espace. C'est l'imagination en effet qui fige le cours de l'expérience pour le pulvériser en une multiplicité de points :

> La division est l'œuvre de l'imagination qui a justement pour fonction de fixer les images mouvantes de notre expérience ordinaire, comme l'éclair instantané qui illumine dans la nuit une scène d'orage[63].

En dédoublant notre perception de l'intérieur, l'imagination nous empêche d'apercevoir le mouvement réel immédiatement, puisqu'elle le transforme aussitôt en une ligne virtuelle reliant la multiplicité des points en lesquels elle le résout. Dans l'unique passage où Bergson s'efforce d'envisager l'imagination en dehors de ce travail d'objectivation, il en fait immédiatement un simple « jeu » aux productions fantaisistes[64]. Ce passage n'a d'ailleurs pas échappé à Bachelard qui le cite au début de

---

où l'auteur évoque (p. 264), à propos de cette imagination primitive, une « spiritualité viscérale ».

63 H. Bergson, *Matière et mémoire*, *Op. cit.*, p. 211.

64 *Ibid.*

La poétique de l'espace, pour aussitôt reprocher à Bergson d'avoir manqué la « puissance majeure » de l'imagination[65].

Chez Bachelard en effet, et c'est pourquoi il ne cesse de l'invoquer, la distinction radicale de l'imagination et de la perception a justement pour enjeu de redonner à l'imagination toute sa force. Selon lui en effet, et à la faveur d'un renversement complet par rapport à Bergson, *ce n'est pas l'imagination qui fige la perception, mais la perception qui bloque l'imagination*, cette dernière ne s'exerçant pleinement que lorsqu'elle s'affranchit totalement de la réalité. C'est justement en tant qu'elle est facteur de nouveauté, que l'imagination rompt avec la perception, et le mode d'existence de l'image est ce que Bachelard appelle sa « fulgurance », c'est-à-dire le fait qu'elle constitue un « dépassement de toutes les données de la sensibilité[66] ». Dès qu'il y a perception, le mouvement est arrêté, ce qui explique la grande méfiance de Bachelard à l'égard de la vision et du visible, qui ne nous donnent qu'un monde aux contours définis et aux formes arrêtées.

Il faut donc dire de l'imagination bachelardienne du mouvement non pas qu'elle rejoint, par une voie qui serait simplement différente, la perception bergsonienne du changement, mais bien qu'elle la dépasse. En quel sens ? Soit l'exemple du vol de l'oiseau. D'un point de vue bergsonien, il ne s'agit pas d'un simple déplacement, effectué par un être vivant d'un point à un autre dans l'espace homogène. Le vol de l'oiseau n'est jamais un mouvement *quelconque*. C'est toujours le vol d'*un* oiseau particulier, engagé dans *un* vol lui-même déterminé : vol de la fuite, de la prédation, de la migration, etc., à chaque fois un mouvement singulier, qui s'explique par une différence qualitative dans le tout de l'univers où il s'inscrit, et dont il n'est pas indépendant. Dans *Cinéma 1*, où il expose les « thèses » bergsoniennes sur le mouvement, Gilles Deleuze formule la chose en ces termes, à propos de ce même exemple du vol : « Le mouvement renvoie toujours à un changement, la migration, à une variation saisonnière[67] ». L'intuition est justement un effort pour « se fondre à nouveau dans le tout[68] », et saisir ainsi la variation d'ensemble qui rend compte d'un changement. Mais pour Bachelard, si la tâche

65 Voir G. Bachelard, *La poétique de l'espace*, *Op. cit.*, p. 16.
66 Id., *L'air et les songes*, *Op. cit.*, p. 15.
67 Voir G. Deleuze, *Cinéma 1*, *Op. cit.*, p. 18.
68 Selon la formule fameuse de *L'évolution créatrice*, *Op. cit.*, p. 193.

mérite d'être reprise, c'est avec les moyens de l'imagination, et non ceux de la perception. Pour saisir le mouvement dans son intimité, ici le vol de l'oiseau, auquel Bachelard accorde tant d'importance dans *L'air et les songes*, il faudrait passer du vol réel de l'oiseau dans le ciel au vol onirique, au vol rêvé, activement médité, qui est le seul plan sur lequel nous pouvons vraiment accéder à la coïncidence du « mû » et du « mouvant », puisque c'est alors seulement que nous sommes engagés de tout notre être dans la production d'un mouvement d'allègement, mouvement que nous pouvons d'autant mieux saisir que nous en sommes l'origine. On voit par-là que l'imagination nous *donne* réellement quelque chose. Si Bachelard oppose l'imagination à la perception, ce n'est donc pas pour renoncer à tout contact avec l'être, bien au contraire. Lorsqu'il parle d'une « intuition imaginante », c'est pour indiquer que l'imagination, comprise dans toute sa puissance, n'est pas une faculté de seconde position, qui viendrait à la suite du réel. Elle n'est pas représentation ou reproduction, mais donation, non seulement, comme ici, donation du mouvement, mais, comme l'intuition bergsonienne, de toute chose dans son mouvement.

Il y a pourtant, dès lors qu'elles atteignent à leur puissance propre, une dimension commune à la perception et à l'imagination, telles que Bergson et Bachelard les conçoivent, c'est celle de *l'émotion*. Pour les deux penseurs, l'émotion est même le critère à quoi l'on reconnaît qu'une expérience touche aux vibrations profondes de la réalité. C'est ainsi, selon Bachelard, que lorsque « le poète a touché juste », immédiatement, « son émoi nous émeut, son enthousiasme nous soulève[69] ». Le verbe « soulever » est ici décisif. Il est commun à Bachelard et à Bergson pour décrire l'effet dynamique de l'émotion en nous et sur nous, sans laquelle il n'y aurait jamais rien de nouveau. Mais il faut s'entendre sur ce qu'on appelle « émotion ». Pour les deux penseurs, il y a *deux* sens de l'émotion. Il y a, d'une part, l'émotion au sens courant, celle qui n'est qu'une altération passagère et limitée de la sensibilité, et que l'on pourrait confondre avec ce que Bergson appelle une simple « agitation de la surface[70] », ou Bachelard les « ondulations de l'humeur[71] ». Mais il y a, d'autre part, une émotion profonde, qui est inséparable, pour

69 G. Bachelard, *La poétique de la rêverie*, *Op. cit.*, p. 108.
70 H. Bergson, *Les deux sources*, *Op. cit.*, p. 40.
71 G. Bachelard, *Le droit de rêver*, Paris, PUF, Quadrige, 2010, p. 244.

celui qui l'éprouve, de l'expérience d'une vie nouvelle. Cette émotion constitue une véritable fonction d'avenir. Pour les deux auteurs, l'émotion est toujours le signe d'une transformation, ce que Bachelard exprime en citant une formule de Jean-Paul Richter aux accents bergsoniens : « L'homme [...] doit être *soulevé* pour être *transformé*[72] ». Certes, il n'y a pas chez Bachelard, comme c'est le cas chez Bergson, de doctrine autonome de l'émotion[73]. Mais chez l'un comme chez l'autre l'émotion accompagne une expérience de l'être, qui n'est donc jamais purement théorique ou contemplative. Il y a toutefois une différence majeure entre les deux penseurs. Si l'émotion est chez Bergson l'élément premier qui explique le mouvement, elle est chez Bachelard, non pas ce qui explique, mais ce qui doit être expliqué. Si nous sommes émus par un spectacle ou par un poème, c'est parce que s'y exprime un dynamisme plus fondamental encore, celui de l'imagination, qui est l'élément absolument primitif, qui doit conduire à « placer l'image non seulement avant la pensée, avant le récit, mais avant tout émoi[74] ». L'émotion est donc, aux yeux de Bachelard, moins primitive que l'imagination :

> C'est l'imagination qui pense et c'est l'imagination qui souffre. C'est elle qui agit. C'est elle qui se décharge directement dans les poèmes[75].

Mais ce n'est pas seulement par la place qu'ils accordent à l'émotion que les deux auteurs se distinguent, mais aussi bien par le sens qu'ils lui donnent. Chez Bachelard, l'émotion, même profonde, surtout profonde, est constitutivement *ambivalente*. Ce à quoi nous initie la poésie, c'est à une temporalité paradoxale, instantanée, verticale, où les sentiments sont arrachés au temps horizontal, successif, quotidien, où ils se distinguent, s'enchaînent, s'opposent. En vertu de l'action poétique, ils sont transposés dans une dimension où ils sont transfigurés pour venir se mêler intimement, ainsi qu'il arrive en certains cas, comme celui, emblématique, que Bachelard appelle le « regret souriant[76] », quintessence de l'instant poétique en lequel viennent se fondre, pour y être éprouvés, deux sentiments contraires, selon un mode de présentation absolument

---

72 Id., *L'air et les songes*, *Op. cit.*, p. 339.

73 Elle est formulée par Bergson dans le premier chapitre des *Deux sources de la morale et de la religion*, *Op. cit.*, p. 34-50.

74 G. Bachelard, *L'air et les songes*, *Op. cit.*, p. 131, nous soulignons.

75 *Ibid.*

76 Id., *Le droit de rêver*, *Op. cit.*, p. 229 et s.

irréductible à la temporalité vulgaire et successive de notre vie affective commune. Telle serait peut-être la différence profonde avec Bergson sur ce point : si l'émotion est, chez celui-ci, toujours associée à l'action, à la propulsion, à la poussée en avant, selon un modèle qui reste horizontal, chez Bachelard, l'émotion est essentiellement verticale : modification, transformation, « voyage sur place », montée ou descente, chute ou ascension, selon des signes qui peuvent toujours s'inverser, d'après la cyclothymie fondamentale qui nous caractérise selon Bachelard, notre être n'étant réellement et pleinement dynamisé que « sur ses bords extrêmes, du côté du malheur et du côté des joies[77] », polarité essentielle de notre vie psychique qui en fonde le rythme.

Mais avec l'émotion, nous parvenons à une nouvelle dimension de l'expérience de la nouveauté : sa dimension *intersubjective*. L'émotion est, par essence, communicative. Bachelard insiste sur cette propriété de la nouveauté poétique à rayonner au-delà d'elle-même à travers la charge d'émotion qu'elle porte avec elle : « en recevant une image poétique nouvelle, nous éprouvons sa valeur d'intersubjectivité, car nous savons que nous la redirons *pour communiquer notre enthousiasme*[78] ».

Bergson fait le même constat dans *Les deux sources de la morale et de la religion*, dans le domaine de l'agir moral : si les grands hommes de bien, ces héros de la création morale, entraînent les autres hommes à leur suite, c'est par l'émotion profonde, l'enthousiasme, qu'ils provoquent par leur *exemple*. L'expérience de la nouveauté ne saurait donc être purement individuelle ou subjective, simplement éphémère. Au contraire, elle ne s'épuise jamais dans son surgissement, elle se prolonge, se propage dans un désir de continuer la création. Derrière ce constat, c'est un même étonnement, une même question que partagent Bergson et Bachelard : comment ce qui est nouveau peut-il susciter en nous un écho, et provoquer, en chacun, non pas l'incompréhension ou le rejet, ou simplement l'indifférence, mais l'adhésion et l'imitation, c'est-à-dire non plus la surprise, mais la *reprise* ?

---

77 *Ibid.*, p. 244.

78 Id., *La poétique de l'espace*, *Op. cit.*, p. 8, nous soulignons.

« TRANSSUBJECTIVITÉ » DE LA NOUVEAUTÉ : DE LA SURPRISE MÉTAPHYSIQUE À LA REPRISE ÉTHIQUE

Dans *Les deux sources de la morale et de la religion*, son dernier grand livre, où l'expérience de la nouveauté, considérée dans l'histoire, est désormais au prix d'une victoire sur l'inertie de l'espèce et sur la résistance de la nature, Bergson demande :

> Pourquoi les saints ont-ils ainsi des imitateurs, et pourquoi les grands hommes de bien ont-ils entraîné derrière eux les foules[79] ?

Bachelard, de son côté, ne cesse d'insister, dans ses « poétiques », sur cette dimension intersubjective, qu'il appelle encore « transsubjective[80] », de la nouveauté poétique. C'est là, selon lui, un fait aussi fondamental qu'énigmatique :

> Comment cet événement singulier et éphémère qu'est l'apparition d'une image poétique singulière, peut-il réagir – sans aucune préparation – sur d'autres âmes, dans d'autres cœurs, et cela, malgré tous les barrages du sens commun, toutes les sages pensées, heureuses de leur immobilité[81] ?

Ce qu'il s'agit d'expliquer en somme, c'est la propagation, dans l'humanité, de quelque chose de nouveau, le mystère de quelque chose de singulier qui, au lieu de se clore sur lui-même comme une anomalie ou comme une exception, tend au contraire à se diffuser : message mystique chez Bergson, ou parole poétique chez Bachelard. Peut-être même que la portée éthique de ce message ou de cette parole dépend de leur pouvoir de propagation. C'est tout au moins la thèse qu'on peut formuler en convoquant certaines analyses proposées par Gilbert Simondon dans les toutes dernières pages de *L'individuation à la lumière des notions de forme et d'information.* Simondon explique en effet que la propriété fondamentale de l'acte moral est l'*étalement* :

79 H. Bergson, *Les deux sources*, *Op. cit.*, p. 30.
80 G. Bachelard, *La poétique de l'espace*, *Op. cit.*, p. 3.
81 *Ibid.*

> L'acte moral est celui qui peut s'étaler, se déphaser en acte latéraux, se raccorder à d'autres actes en s'étalant à partir de son centre actif unique[82].

L'acte non moral au contraire est, d'après lui, l'acte « égoïste », c'est-à-dire l'acte qui tend à l'individuation totale, en se coupant du monde et de tout réseau d'actes. L'acte éthique est donc celui qui possède une perpétuelle nouveauté ou actualité, en ce sens qu'il « ne se laisse pas ensevelir comme passé[83] ». Ce que Simondon permet d'esquisser, c'est la possibilité toujours ouverte de la *reprise* d'un acte, en vertu de ce qu'il appelle sa « force proactive », qu'il définit ainsi :

> Ce par quoi il fera toujours partie du système du présent, pouvant être réévoqué dans sa réalité, prolongé, repris par un acte, ultérieur selon la date, mais contemporain du premier selon la réalité dynamique du devenir de l'être[84].

Or, c'est bien cette « force proactive » qui paraît fonder la teneur éthique de l'expérience de la nouveauté chez nos deux auteurs.

Chez Bachelard, ce qu'il faut élucider, c'est la « communicabilité » de l'image poétique, le fait qu'elle puisse « réagir » ou « retentir » – terme chez lui capital – au-delà de son apparition[85]. Le premier obstacle à la transsubjectivité de la nouveauté poétique, avant même cette tendance à l'immobilité qui habite notre psychisme, c'est le caractère « éphémère » de l'image elle-même. Pour qu'une image soit communicable en effet, encore faut-il qu'elle ne s'épuise pas dans son apparition, qu'elle survive à son surgissement. Or, telle est la fonction décisive, plusieurs fois soulignée par Bachelard, de l'*écriture* : elle arrache l'image à sa dimension psychologique de simple vécu, pour lui conférer une potentialité nouvelle, celle de pouvoir être répétée ou « revécue[86] ». Cette possibilité de la

82 Gilbert Simondon, *L'individuation à la lumière des notions de formes et d'information*, Grenoble, Jérôme Millon, 2005, p. 334.

83 *Ibid.*

84 *Ibid.*

85 On voit par-là combien il serait peu conforme à la pensée de Bachelard, de rabattre la science sur l'intersubjectivité, et la poésie sur l'expérience individuelle et solitaire. Par la poésie, c'est plutôt une modalité spécifique de l'intersubjectivité, autre que celle qui est fondée sur l'accord objectif des esprits, qui trouve à s'affirmer. Cette modalité est même le cœur de l'« action suprême » de la poésie : effectuer le passage du « fait » à la « valeur », et « de la valeur pour moi à la valeur pour des âmes congénères aptes à la valorisation par le poétique » (voir *Fragments d'une poétique du Feu*, *Op. cit.*, p. 47).

86 Il faudrait sans doute rapporter cette possibilité de la réactivation par l'écriture, mise en avant par Bachelard, aux analyses de Husserl dans *L'origine de la géométrie* (trad. J. Derrida,

reprise est nécessaire pour effectuer l'entrée dans le domaine du poétique. Toutefois, elle n'est pas suffisante. Tout ce qui est écrit, en effet, n'atteint pas nécessairement à l'intensité poétique, ne touche pas jusqu'à « l'âme », ne va pas jusqu'au « cœur ». En ce point, surgit un second obstacle à la communication du poétique. Non plus le caractère fugace ou éphémère de l'image, mais son caractère éminemment « singulier » (le terme revient par deux fois sous la plume de Bachelard dans la précédente citation), c'est-à-dire unique. Comment ce qui est « unique » peut-il nous toucher ? Comment pouvons-nous accueillir, et ne serait-ce qu'entendre, sans parler de l'écouter, ce qui transcende absolument tout ce que nous connaissons, notre culture, comme toute perception ?

Avant de répondre, on ne peut qu'être frappé par la coïncidence de Bachelard et Bergson sur cette alliance paradoxale du singulier et de l'universel. Dans *Le rire*, Bergson note en effet :

> Rien de plus singulier que le personnage de Hamlet. [...] Mais il est universellement accepté, universellement tenu pour vivant. C'est en ce sens seulement qu'il est d'une vérité universelle. De même pour les autres produits de l'art. Chacun d'eux est singulier, mais il finira s'il porte la marque du génie, par être accepté de tout le monde. Pourquoi l'accepte-t-on ? Et s'il est unique en son genre, à quel signe reconnaît-t-on qu'il est vrai[87] ?

De même, dans « La perception du changement », Bergson se demande encore : comment se fait-il qu'« une certaine vision des choses », parfaitement singulière donc, devienne pourtant « la vision de tous les hommes[88] » ? En d'autres termes : comment une œuvre d'art, si elle doit être une création, c'est-à-dire radicalement neuve, peut-elle pourtant nous toucher, nous parler ? Une telle question revient à cette autre : qu'est-ce qui sauve l'œuvre d'art de l'arbitraire et de la fantaisie, et lui donne une nécessité, un caractère universel, et ce que l'on appelle encore sa « vérité » ?

Paris, PUF, coll. « Épiméthée », 1962). Pour Husserl, l'écriture est en effet l'élément transcendantal qui fonde la possibilité de la communication de formations psychiques qui autrement resteraient ineffables et solitaires. Par-là, l'écriture permet de quitter le domaine du vécu psychologique toujours voué à la disparation, et de s'élever au rang de qui peut être répété et prolongé, indéfiniment « rénové », c'est-à-dire maintenu à l'état de perpétuelle nouveauté. Simplement, Bachelard déplace le champ de l'analyse de la science (la géométrie) vers la poésie.

87 H. Bergson, *Le rire*, Paris, PUF, Quadrige, 2008, p. 124.

88 Id., « La perception du changement », in *La pensée et le mouvant*, *Op. cit.*, p. 150.

Dans un premier temps, Bergson et Bachelard semblent très proches. Pour l'un comme pour l'autre, la nouveauté ne se joue pas à la surface des choses, simple jeu formel, pur clignotement de visions évanouissantes. Elle a des racines dans l'être, ce qui lui donne sa force. L'artiste est celui qui nous remet en contact avec quelque chose que nous avons perdu, et qu'il nous aide à retrouver. Si nous acceptons ce que les artistes nous proposent, et si nous admirons leurs œuvres, c'est que, selon les termes de Bergson, « nous avions déjà perçu quelque chose de ce qu'ils nous montrent », mais « nous avions perçu sans apercevoir[89] ». Ce qui se joue dans l'art n'a donc rien d'un divertissement. Bien au contraire, c'est à une expérience métaphysique que l'artiste nous convoque à travers ses œuvres, et si cette expérience est communicable, c'est parce qu'à travers elle se trouve mise au jour notre affinité et notre participation avec certains dynamismes fondamentaux de l'univers qui ont la valeur d'une origine.

Chez Bergson comme chez Bachelard, l'expérience de la nouveauté est en effet toujours un mixte d'*original* – production de singularité – et d'*originaire* – contact avec un donné primitif. Seulement, de l'un à l'autre l'accent se déplace : chez Bergson, c'est l'original qui enveloppe l'originaire, tandis que chez Bachelard, c'est l'inverse, c'est l'originaire qui est gisement d'originalité[90]. Dans *Les deux sources*, Bergson donne l'exemple de l'émotion singulière provoquée par la montagne[91]. Selon lui, ce n'est qu'*après* Rousseau, que nous pouvons éprouver une telle émotion, parce qu'elle est uniquement « issue de l'âme de Jean-Jacques[92] ». De même, note Bergson, toute grande émotion, comme celle suscitée par une tragédie, est « unique en son genre », puisqu'elle a « surgi dans l'âme du poète, *et là seulement*, *avant* d'ébranler la nôtre[93] ». Le chiasme est dès lors saisissant avec Bachelard. Soit l'exemple d'Ophélie, qui occupe une bonne partie du troisième chapitre de *L'eau et les rêves*[94]. Pourquoi

89 *Ibid.*

90 Sur la synthèse paradoxale de l'originaire et de l'original, qui produit l'œuvre, voir Bachelard, *Lautréamont*, J. Corti, 1995, p. 118-119, où celui-ci précise bien que c'est l'originaire, sous la forme de ce qu'il appelle « complexe », qui est « la mesure dynamique » de l'originalité : là où l'originalité est puissante, c'est que « le complexe est énergique, impérieux, dominant », et là où l'originalité est pauvre, « le complexe est larvé, factice, hésitant » (*Lautréamont*, *Op. cit.*, p. 118).

91 H. Bergson, *Les deux sources*, *Op. cit.*, p. 38.

92 *Ibid.*

93 *Ibid.*, p. 44, nous soulignons.

94 Voir G. Bachelard, *L'eau et les rêves*, *Op. cit.*, p. 95 et s.

sommes-nous frappés par l'image d'Ophélie, par son corps flottant à la surface des eaux ?

> Si le lecteur, qui peut-être n'a jamais vu un tel spectacle, le reconnaît cependant et s'en émeut, c'est, » selon Bachelard, « parce que ce spectacle appartient à la nature imaginaire primitive[95].

Si derrière la montagne, il y a Rousseau, inversement, avant l'image d'Ophélie rêvée par Shakespeare, il y a « l'eau de l'étang qui *d'elle-même* "s'ophélise", qui se couvre *naturellement* d'êtres dormants, d'êtres qui s'abandonnent et qui flottent, d'êtres qui meurent doucement[96] ». On retrouverait ici quelque chose qui tient de la célèbre doctrine de la réminiscence opposée par Socrate au paradoxe de Ménon[97], mais transposée de la connaissance à l'émotion : s'émouvoir, c'est réactiver une vérité possédée de façon inconsciente. Si une image nous bouleverse, c'est parce que, loin d'être le fruit d'une fantaisie (sa puissance serait inexplicable), elle s'alimente à ce que Bachelard appelle, d'un terme qu'il emprunte à Carl Gustav Jung, un « archétype », par quoi il entend moins *une* image particulière, qu'une *série* d'images qui condensent l'expérience ancestrale de l'homme devant une situation typique, en cristallisant dans un ensemble d'émotions primitives source de rêveries fondamentales : marcher dans un bois sombre, avancer dans une grotte, se perdre ou être perdu, etc.[98] Le contraste avec Bergson est alors frappant sur au moins deux points. Tout d'abord, tandis que Bergson *dissocie* nettement, d'un côté, le plan de la motricité et de l'action, qu'il rapporte à la nature et à la simple satisfaction des besoins, et, de l'autre, le plan de l'émotion, qui renvoie en chaque cas à une création individuelle enrichissant le monde d'aspects toujours nouveaux[99], Bachelard, pour son compte, *associe*, dans l'imagination, l'émotion et la motricité, le travail effectif de notre corps sur la matière, en l'extraordinaire variété de ses formes, entretenant avec le monde une véritable connivence ontologique[100]. D'autre

95 *Ibid.*, p. 98.
96 *Ibid.*, nous soulignons.
97 Voir Platon, *Ménon*, 80e.
98 Selon les exemples que donne Bachelard dans *La terre et les rêveries du repos*, Paris, J. Corti, 1948, p. 237.
99 Voir H. Bergson, *Les deux sources*, *Op. cit.*, p. 37.
100 Voir par exemple la première partie de *La terre et les rêveries de la volonté* (Paris, Corti, 2004), et notamment le chapitre IV consacré à « La pâte » (*Op. cit.*, p. 75 et s.), qui propose

part, et surtout, contrairement à ce qui se passe chez Bergson, pour qui la puissance d'entraînement des grandes œuvres doit être toujours rapportée à une source individuelle, pour Bachelard, la capacité d'une œuvre à nous affecter tient à sa participation à un archétype, c'est-à-dire à la puissance de quelque chose qui n'a ni nom propre, ni date, et que Bachelard appellera « enfance » dans sa *Poétique de la rêverie* : « enfance anonyme, pur foyer de vie, vie première, vie humaine première[101]. »

Conformément à la formule deleuzienne dont nous sommes partis, l'expérience de la nouveauté culmine sur un plan où elle prend une dimension éthique, Bergson et Bachelard plaçant cette expérience au cœur d'un accomplissement qui, ultimement, prend chez chacun une forme très différente. Chez Bergson, l'expérience de la nouveauté, comme il apparaît dans *Les deux sources*, son dernier livre, se charge d'un contenu moral (la création artistique se trouvant donc dépassée par l'action morale), et consiste dans la subversion de cette « clôture » imposée par la nature qui replie les groupes humains sur eux-mêmes dans un souci de conservation en les portant tendanciellement à la guerre, en direction d'une « ouverture » éthique, sur les voies de la justice et de la paix dans *l'histoire*. Chez Bachelard, l'expérience de la nouveauté possède elle aussi un contenu éthique, mais sur la voie d'une sagesse individuelle, qui permet à chacun d'accéder à un bien-être, une sorte de bonheur cosmique, en œuvrant à l'unification de notre imagination, dans la célébration d'un événement du *monde*. En ce point un partage paraît s'établir entre Bergson et Bachelard. Pour l'un comme pour l'autre, nous avons besoin d'être *entraînés*. Le dynamisme a besoin d'être suscité, amorcé, provoqué. L'un et l'autre insiste sur la force de l'exemple : « L'exemple, écrit Bachelard, c'est la causalité même en morale[102] ». Mais si pour Bergson l'impulsion vient toujours de *quelqu'un*, pour Bachelard, « plus profond encore que les exemples fournis par les hommes est l'exemple fourni par la nature[103] ». La puissance de l'exemple ne peut venir pour ce dernier que d'un « accord avec les forces du monde », éprouvé à l'aide de l'imagination.

Il reste que, pour les deux penseurs, cette transformation ou cette rénovation de l'humanité est suspendue à une parole médiatrice, une

---

une extraordinaire phénoménologie du pétrissage.

101 G. Bachelard, *La poétique de la rêverie*, *Op. cit.*, p. 108.

102 Id., *L'air et les songes*, *Op. cit.*, p. 145.

103 *Ibid.*

parole singulière, celle des poètes et celle des mystiques, profondément autre et pourtant profondément nôtre, qui prend la forme d'un « appel », et qui nous *entraîne*, parce qu'au fond de nous quelque chose répond. Pour le dire avec Bergson, « la parole qu'on fera sienne est celle dont on a entendu en soi un écho[104] ». De son côté, Bachelard parle de « retentissement[105] », selon un terme qu'il emprunte à Eugène Minkowski – lui aussi grand lecteur et admirateur de la philosophie de Bergson –, pour désigner ce moment où, cessant de nous être extérieure, une parole nous prend tout entier pour nous transformer. Si donc nous nous ouvrons à une parole inédite, à laquelle en apparence rien ne nous prépare, et qui a, au contraire, tout pour nous déconcerter, comme celle, si paradoxale, du Christ dans le Sermon sur la montagne[106], selon Bergson, ou comme celle qui, chez Bachelard, s'exprime dans les vers du poètes, et qui devrait si facilement passer à nos yeux pour chose risible ou simple fantaisie sans intérêt, c'est parce que s'établit, à leur contact, la participation à une origine métaphysique commune, qui est en même temps retour à notre principe : l'*ouverture*, c'est-à-dire la puissance de dépasser le donné. Car sur ces deux voies proposées par Bergson et par Bachelard, le rapport à l'origine ne sera jamais de pure contemplation. Il supposera, chaque fois qu'il sera rétabli, par le mystique ou par le poète, le réveil de notre capacité à opposer à toutes les formes d'inertie, aussi bien dans notre attitude pratique que dans notre rapport au monde, les ressources de la création.

Arnaud Bouaniche
UMR 8163 STL (Université de Lille)
– CIEPFC (ENS, Ulm)

104 H. Bergson, *Les deux sources*, *Op. cit.*, p. 31.
105 Sur le « retentissement », voir Bachelard, notamment *La poétique de la rêverie*, p. 108 et s., et E. Minkowski, *Vers une cosmologie*, Paris, Aubier, 1936, p. 101 et s.
106 Sur ce point, voir *Les deux sources*, *Op. cit.*, p. 58.

GASTON BACHELARD,
UNE POÉTIQUE DE L'INITIATIVE

> Dans l'ordre de l'imagination, tout est bien qui commence bien.
> Gaston BACHELARD

Gaston Bachelard trace en filigrane une philosophie de l'action inédite, faisant droit aux exigences de la raison et aux puissances de l'imagination. Cette philosophie prend, sur son versant imaginatif, la forme de ce que nous appellerons une Poétique de l'initiative. Par initiative, on entendra l'acte de commencer (*initiare*), d'initier une action nouvelle et novatrice, capable de rompre avec un passé et d'inaugurer un avenir, pour introduire dans l'être une certaine nouveauté. Par poétique, l'étude des modalités et des conditions selon lesquelles l'imagination, et plus précisément la rêverie, peut contribuer à libérer et à nourrir les capacités d'initiative du sujet, pour lui ouvrir de nouvelles possibilités d'action. À rebours d'une croyance dominante, qui réduit la rêverie à une attitude passive de déni du réel et de fuite dans l'imaginaire, stérile sur le plan de l'action individuelle et collective, l'auteur du *Droit de rêver* en fait une activité psychique décisive, autrement en prise avec le réel, et dotée d'une singulière portée poético-pratique : ressaisie comme rapport actif, incarné et engagé, à des images de prédilection recrutées pour leur aptitude à dynamiser, à étayer et à éclairer l'agir, la rêverie nous reconduit à l'imaginaire comme à l'arrière-plan onirique dont émergent nos initiatives les plus personnelles et les plus novatrices.

« L'INSTANT QUI DÉCIDE ET QUI ÉBRANLE » : DE LA PHILOSOPHIE DE L'ACTION À LA PHILOSOPHIE DE L'ACTE

Bachelard revendique dès *L'intuition de l'instant* une « philosophie de l'acte » orientée contre la « philosophie de l'action » de Bergson[1], et transpose au passage sur le terrain pratique l'opposition métaphysique entre « philosophie de l'instant » et « philosophie de la durée[2] ». La notion d'acte désigne avant tout, dans le cadre de sa métaphysique dynamiste, l'actualisation d'une « énergie d'existence[3] » se phénoménalisant de façon instantanée et discontinue, au gré d'émergences successives, sur les plans superposés de la matière, de la vie et de l'esprit. Dans ce cadre, instant et acte entretiennent une relation de réciprocité clairement thématisée sur le terrain psychologique et moral : « Il n'y a que la paresse qui soit durable, l'acte est instantané. Comment ne pas dire alors que réciproquement l'instantané est acte[4] ? » La critique bergsonienne de l'idée d'instant comme césure abstraite rend d'emblée impossible et impensable toute véritable initiative : « Ayant triomphé en prouvant l'irréalité de l'instant, comment parlerons-nous du commencement d'un acte[5] ? » L'action, loin de trouver son origine dans la poussée d'une durée continue, procède d'un acte de décision instantanée, en rupture avec toute paresseuse continuité : « Un acte est avant tout une décision instantanée, et cet acte porte toute la charge de l'originalité[6] ».

LA DYNAMOLOGIE DE L'AGIR

À partir de l'intuition initiale du primat métaphysique de l'instant, Bachelard ébauche une singulière dynamologie de l'agir, dont on peut dégager les idées-force :

---

1 Gaston Bachelard, *L'intuition de l'instant*, Le Livre de Poche, Paris, p. 21.
2 *Ibid.*, p. 16.
3 Id., *La dialectique de la durée*, PUF Quadrige, Paris, 2001, p. 131.
4 Id., *L'intuition de l'instant*, *op. cit.*, p. 23.
5 *Ibid.*, p. 18.
6 Id., *L'intuition de l'instant*, *op. cit.*, p. 19.

Premièrement, toute action est dialectique, dans la mesure où l'acte qui l'initie se trouve précédé d'une hésitation qui se trouvera précisément surmontée à l'instant de la décision. Ce dépassement procède, non pas d'une dialectique logiciste, mais d'une dialectique dynamiste d'inspiration énergétiste, impliquant l'opposition entre des forces antagonistes. De façon générale, « l'action a lieu à travers une contradiction », au sens où elle implique un conflit entre une « bonne volonté » (active) et une « mauvaise volonté » (passive)[7]. Chaque action particulière implique à son tour la recherche d'un « équilibre entre des impulsions inverses[8] », qui se cherche à travers l'hésitation, comme l'illustre l'exemple du joueur de billard : « les oscillations plus ou moins amples du bras qui rapprochent ou éloignent de la bille la pointe de la queue avant de porter le coup » expriment la crainte alternée de donner tantôt « un coup trop fort » tantôt « une poussée trop faible », en même temps que la nécessité, pour effectuer un geste efficace, d'administrer des énergies affectivo-motrices en ne les laissant « ni couler » (dans la continuité d'un geste passif et timoré) ni « exploser » (dans la discontinuité d'un geste actif et orgueilleux)[9]. Or, cette hésitation cesse à l'instant précis où s'établit cet équilibre dynamique, et où le coup peut être porté et/ou lâché avec succès. L'alternance plus ou moins rythmée entre des « impulsions inverses » (donner-retenir le coup) impliquant des « affectivités opposées » (orgueil-crainte), expression d'une hésitation créatrice, laisse alors place à une union vibratoire des contraires affectifs, correspondant à un tiers-état proprement ambivalent, dans lequel ces contraires conjuguent leurs vertus, pour soutenir un geste énergique, adroit et précis. La décision contracte ainsi dans l'instant l'alternance rythmique des impulsions opposées en ambivalence active : « Le resserrement d'une action sur *l'instant décisif* constitue à la fois l'unité et l'absolu de cette action[10] ». Toutefois, c'est bien le joueur qui – par un acte conscient – *décide* d'initier véritablement son geste, autrement dit de libérer le coup, à l'instant où il *sent* que cet équilibre dynamique est atteint. La dynamique de l'acte, tout en engageant l'affectivo-motricité, ne suspend donc nullement le privilège de la conscience, qui décide de suspendre, de différer ou d'effectuer l'acte initial : « L'essentiel pour le

7 Id. *La dialectique de la durée*, *op. cit.*, p. 71.
8 *Loc. cit.*
9 *Ibid.*, p. 70sq.
10 *Ibid.*, p. 17.

comportement temporel est de *commencer* le geste – mieux, de lui *permettre de commencer*. Toute action est nôtre par cette permission[11] ». En ce sens, l'instant décisif est celui d'une décision que le sujet accepte de prendre dans la mesure où cette dernière s'est d'abord présentée à lui – au seuil de l'agir effectif – avec une sorte d'évidence dynamique. Il peut alors, pour reprendre une expression récurrente de Bachelard, « devenir le sujet du verbe » commencer, sans se trouver dessaisi de sa capacité d'initiative propre, que ce soit par la pression intérieure de quelque « irrésistible poussée[12] » affective qui le déterminerait à commencer, ou par la pression extérieure d'un réel auquel il s'agirait seulement de s'adapter.

Deuxièmement, toute action procède ainsi d'un « acte initial » ou d'une « décision instantanée » dont elle constitue le déploiement secondaire et subalterne :

> Une fois qu'on a mis en valeur l'influence des instants actifs, on comprend mieux le caractère subalterne des conséquences qui peuvent traîner plus ou moins derrière la décision[13].

Troisièmement, toute action complexe intègre, dans un tissu temporel discontinu, une pluralité plus ou moins cohérente d'actes instantanés reprenant et renouvelant l'acte initial. L'acte qui l'initie doit, pour s'inscrire dans la durée ou se déployer en action, être réinitié au gré de reprises instantanées et discontinues. Ces reprises constituent autant d'« actes intercallaires » qui s'insèrent entre le commencement et la fin de l'action, et la constituent graduellement par un processus d'intercallation et truffage. Elles introduisent discrètement dans son développement effectif – par micro-émergences – un différentiel de nouveauté, produisant ainsi ce que l'on pourrait appeler, dans un style non-bergsonien, une création discontinue d'imprévisible nouveauté. Le développement de l'acte initial laisse en effet toujours ouverte des « possibilités d'arrêt et de déviation », permettant d'y introduire « une juste mesure de nouveauté », autrement dit des variations maîtrisées[14]. Bachelard reprend à son compte une analyse de Samuel Butler, selon lequel « l'introduction d'éléments légèrement

11 *Ibid.*, p. 27.
12 Henri Bergson, *Essai sur les données immédiates de la conscience*, PUF Quadrige, Paris, 1993, p. 127.
13 G. Bachelard, *La dialectique de la durée*, *Op. cit.*, p. 45.
14 *Ibid.*, p. 87.

nouveaux dans notre manière d'agir nous est avantageuse », parce qu'elle permet à ces éléments de « se fondre » avec l'ancien et de la renouveler, là où une « déviation trop grande de notre pratique ordinaire » bloquerait la « synthèse de la nouveauté et de la routine » s'effectuant au gré de ces « instants féconds » qui, proprement décisifs, forment les nœuds de l'action[15]. Dès lors : « le schème de l'analyse temporelle d'une action complexe est nécessairement un discontinu[16] », et cette analyse implique de fixer « l'ordre et l'importance dynamique des instants décisifs » qui la constituent[17], eux-mêmes fonctions du différentiel de nouveauté qu'ils introduisent ou de la « déviation » qu'ils opèrent par rapport au temps horizontal et répétitif de l'action continue.

Enfin, toute action complexe s'organise selon des rythmes, à travers lesquels les actes qui la scandent se synchronisent et se coordonnent de façon cohérente et opératoire. Il incombe au sujet d'imprimer à ses (re)commencements des rythmes suffisamment réguliers pour qu'ils se consolident en actions durables, cohérentes et consistantes :

> Encore une fois, c'est à notre conscience que revient la charge de tendre sur le canevas des instants une trame suffisamment régulière pour donner en même temps l'impression de la continuité de l'être et de la rapidité du devenir[18].

Les rythmes déterminés par la conscience forment cette trame qui, tendue sur le canevas discontinu des instants décisifs, contribue à les nouer pour former le tissu de l'action : ils organisent dans le temps horizontal de l'action, par la structurante périodicité de leur mouvement, la suite discontinue de ces instants qui, eux, relèvent d'un temps vertical ou vibré. La pensée structure ainsi par son activité rythmique, ou consolide en actions continues, une pluralité discontinue d'actes initiaux, selon une dynamique active-passive engageant l'être entier :

> Pour *penser*, pour *sentir*, pour *vivre* (nous soulignons), il faut mettre de l'ordre dans nos actions, en agglomérant des instants dans la fidélité des rythmes[19].

15 Id., *L'intuition de l'instant*, *Op. cit.*, p. 65.

16 *Ibid.*, p. 19.

17 *Ibid.*, p. 73. Voir aussi *La dialectique de la durée*, *op. cit.*, p. 45 : « Il n'y a pas d'autres moyens d'analyser une action qu'en la recommençant. Et il faut alors la recommencer "en décomposant", c'est-à-dire en énumérant et en ordonnant les décisions qui la constituent. »

18 *Loc. cit.*

19 Id., *L'intuition de l'instant*, *Op. cit.*, p. 20.

LA LIBERTÉ DES COMMENCEMENTS

Bachelard ébauche ainsi une nouvelle conception de la liberté, adossée à sa métaphysique de l'instant. L'acte libre n'est plus l'expression éruptive d'un passé substantiel contracté en durée, mais une suite discontinue d'actes discrètement novateurs, rythmés avec énergie, adresse et lucidité. La dynamologie de l'acte initial montre, en somme, qu'une liberté en acte est toujours une « liberté des commencements[20] », se déclinant pour ainsi dire triplement : comme acte de *commencer* (ou d'inaugurer une certaine nouveauté), comme acte de *recommencer* (ou de reprendre de façon renouvelée l'acte initial), enfin comme acte de *rythmer ces (re)-commencements*. Déjà, *L'intuition de l'instant* soulignait « tout ce qu'il y avait de liberté affirmée dans un commencement absolu », et se proposait de « décrire l'histoire efficace avec des commencements[21] ». *La dialectique de la durée* fait de la « permission de commencer » le pivot de l'action et de son octroi l'apanage d'un esprit attentif[22]. Bachelard y souligne les vertus novatrices des recommencements répétés : « une nouveauté essentielle qui fait figure de liberté se manifeste dans ces reprises » qui, à l'instar des habitudes actives que ces dernières instaurent, relèvent d'une « répétition qui en s'instruisant construit[23]. » Enfin, la mise en rythme de ces (re)commencements implique « cette liberté dans leur liaison en des rythmes distincts », qui seule permet un « groupement actif et polymorphe des instants réalisateurs[24]. » Il en va en définitive d'une libre production de soi, cette dernière passant désormais par une fidélité réglée aux « instants qui nous ont créés[25], » qui sont tout autant – au moins pour les plus actifs d'entre eux – ceux à travers lesquels nous nous sommes créés, à la faveur de décisions instantanées, ou d'actes proprement initiaux.

20 Id., *La dialectique de la durée*, *Op. cit.*, p. 50.
21 Id., *L'intuition de l'instant*, *op. cit.*, p. 24.
22 Id., *La dialectique de la durée*, *op. cit.*, p. 27 ; p. 49.
23 Id., *L'intuition de l'instant*, *op. cit.*, p. 82 ; p. 62.
24 *Ibid.*, p. 59 ; *La dialectique de la durée*, *Op. cit.*, p. 50.
25 Id., *L'intuition de l'instant*, *Op. cit.*, p. 47. Bachelard nous suggère de partir « à la recherche des instants perdus ».

LES « CONDITIONS PRÉ-INITIALES » DE L'INITIATIVE

Dans ce cadre métaphysique, le problème de la liberté n'a plus à être posé, comme chez Kant, en termes d'infraction à la légalité naturelle. Bergson avait déjà cherché à dépasser la position kantienne du problème de la liberté, en redéfinissant cette dernière comme actualisation de notre moi profond ou de notre durée substantielle. Il demeure toutefois tributaire du déterminisme classique, pourtant dépassé par la physique moderne. *La dialectique de la durée* appelle en effet à reconnaître, comme corrélat de la discontinuité du temps, « le caractère nécessairement lacuneux » de la causalité et « l'intervention de la probabilité dans les lacunes de l'enchaînement causal[26]. » L'idée de probabilité ordinale, empruntée à Eugène Dupréel, se trouve alors transposée sur le terrain d'une métapsychologie de la décision :

> Qu'on prenne une cause aussi efficace qu'on voudra, il y a aura toujours dans le développement de son efficacité un champ libre pour des possibilités d'arrêt et de déviation. À plus forte raison, il faut en tenir compte dans la description d'une conduite raisonnée où les possibilités deviennent les éléments d'une décision [...]. La probabilité ordinale se présente, *avant la décision*, devant l'alternative que pose une conduite à inaugurer : elle *incline sans nécessiter*[27].

Le commencement de l'action doit donc être ressaisi, au seuil de la décision qui l'initie, à partir de ses « conditions pré-initiales », proprement métaphysiques :

> Si nous portions notre examen dans cet étroit domaine où l'attention devient décision, nous verrions ce qu'il y a de fulgurant dans une volonté où viennent converger l'évidence des motifs et la joie de l'acte. C'est alors que nous pourrions parler de conditions proprement instantanées. Ces conditions sont rigoureusement préliminaires, mieux, *pré-initiales* puisqu'elles sont antécédentes à ce que les géomètres appellent les conditions initiales du mouvement. Et c'est en cela qu'elles sont métaphysiquement et non pas abstraitement instantanées[28].

Si la décision d'agir émerge de ces « conditions pré-initiales » relativement indéterminées, l'acte libre exige de la part du sujet qu'il se replace – au seuil de toute initiative – dans ces conditions mêmes, pour prêter

26 Id., *La dialectique de la durée*, *Op. cit.*, p. 85.
27 *Ibid.*, *Op. cit.*, p. 87 et 88.
28 *Id*, *L'intuition de l'instant*, *Op. cit.*, p. 36.

attention aux « possibilités d'arrêt et de déviation » qu'elles laissent ouvertes, ou aux libertés qu'elles réservent. Ces possibilités concernent jusqu'aux mobiles affectifs de l'acte, en vertu de ce que Bachelard nommera plus tard un « principe d'indétermination de l'affectivité[29]. » En suspendant l'agir, l'esprit peut s'immerger dans ces pré-conditions et renouer avec « la liberté ou à la chance initiale du devenir », opérer « un retour à la liberté du possible[30] », pour mieux prendre acte – à l'instant de la décision – des possibilités entrevues ou pressenties dans les lacunes de la causalité ou les interstices du déterminisme. Il peut exercer pleinement sa puissance de décision, lorsqu'il sait et sent, à l'issue de cette phase de préparation dynamique à travers laquelle pensée (« évidence des motifs ») et affectivité (« joie de l'acte ») cherchent leur point de convergence, que l'instant est venu d'agir. C'est alors bel et bien « l'instant qui décide et qui ébranle[31] », mais sous l'égide d'une conscience attentive et active, capable de se laisser émouvoir tout en gardant l'initiative de la décision.

« L'IMAGE INITIALE » : DE LA PHILOSOPHIE DE L'ACTE À LA POÉTIQUE DE L'INITIATIVE

La dialectique de la durée, encore dominée dans l'ensemble par une approche rationaliste, ne thématise guère le rôle de l'imagination dans cette dynamologie de l'acte initial. Ce rôle se s'affirme toujours plus nettement au gré des ouvrages poétiques, qui élaborent une poétique de l'initiative dont on peut préciser les lignes de force :

Premièrement, l'image poétique donne à éprouver, sous la forme d'une visualisation affective amplifiée par les suggestions sémantiques et phonétiques du langage, le dynamisme paradoxal et ambivalent qui innerve nos actes les plus novateurs, anime nos initiatives les plus incarnées et les plus engagées. De même que l'acte de commencer réalisait, dans un temps vertical, un équilibre dynamique des impulsions contraires,

29 *Id*, *La terre et les rêveries de la volonté*, *Op. cit.*, p. 178.
30 *Id*, *L'intuition de l'instant*, *Op. cit.*, p. 27 et p. 67.
31 *Ibid.*, p. 22.

l'image poétique nouvelle réalise, dans l'instant de sa création puis de sa réception active, une « union des contraires affectifs dans le cœur humain[32] ». Cette isomorphie entre la dynamique de l'image et celle de l'acte tient à ce que l'imagination est elle-même même acte, d'abord au sens (métaphysique) où elle actualise *ici et maintenant*, à travers ses images, le dynamisme vertical de « l'énergie d'existence », et au sens (psychologique) où elle est rapport actif entre un sujet et des images. *L'air et les songes* peut ainsi faire de cette verticalité dynamique l'axe structurant de l'imagination comme de l'action :

> Dans les actions où l'être humain agit vraiment, en un acte où il engage vraiment son être, on doit pouvoir trouver, si nos thèses sont fondées, la double perspective de la hauteur et de la profondeur[33].

Deuxièmement, l'image poétique s'avère susceptible de (re)dynamiser en profondeur, à sa source affective, les capacités d'initiative du rêveur, sur le mode homéopathique d'une « action vibrée[34] ». La fonction propre de l'imagination poétique est en effet, selon Bachelard, de produire des émotions neuves, autrement dit d'ébranler nos routines affectives pour promouvoir une affectivité ouverte et inventive, échappant à tout enfermement dans une imagerie figée. L'image poétique contribue de façon discrète mais d'autant plus opératoire à renouveler, en même temps que nos manières de nous é-mouvoir, nos manières de nous mouvoir et de décider, de nous mettre en mouvement et de nous projeter dans l'action. Les images poétiques les plus mobilisatrices à cet égard accumulent de façon inédite une pluralité cohérente de fines ambivalences, de telle sorte qu'elles individualisent l'ambivalence massive et indifférenciée propre aux archétypes tout en captant l'énergie affectivo-motrice dont ils sont chargés. L'image devient alors, pour celui qui l'a activement méditée, une ressource psychique mobilisable à tout instant de façon consciente et contrôlée, une « image initiale[35] » dont il peut librement disposer au seuil de l'agir effectif comme d'une « réserve d'énergie » capable de nourrir ses initiatives, comme une « réserve de liberté » capable de leur redonner de la marge ou du jeu.

32 Id., *La terre et les rêveries de la volonté*, *Op. cit.*, p. 101.
33 *Ibid.*, p. 185.
34 Id., *La dialectique de la durée*, *Op. cit.*, p. 135.
35 *Ibid.*, p. 135.

Troisièmement, l'imagination devra, pour conquérir toute sa portée poético-pratique, épouser le rythme de la « liberté des commencements » thématisée dans les ouvrages métaphysiques, en retrouver la triple scansion. Il s'agira tout d'abord d'*imaginer*, c'est à dire de commencer par identifier en nous et par recruter hors de nous, pour les méditer, les images susceptibles de dynamiser et de soutenir notre capacité à commencer. En ce sens, imaginer consiste à renouer avec ce que l'on pourrait appeler, en nous inspirant de Jean-Philippe Pierron, le « noyau poético-pratique » qui nous habite et nous habilite à agir, ou à oser (re)commencer[36]. Il s'agira ensuite de *réimaginer* ces images initiales, c'est-à-dire de les vivre à nouveau dans leur pureté dynamique, en les désimaginant à la faveur d'un acte de vidange onirico-affective qui les libère d'une compréhension devenue routinière et trop arrêtée, et en réactive de la sorte le potentiel poético-pratique. Cette réimagination passe aussi par la méditation des multiples variations dont chacune de ces images est susceptible, grâce à l'usage méthodique d'un procédé de bipolarisation consistant à déterminer, pour chacune, tout un spectre de variations onirico-affectives délimité par les pôles de la hauteur diurne et de la profondeur nocturne. Il s'agira, enfin, de *rythmer* de façon lucide et énergique ces (re)commencements imaginatifs, afin de les ordonner dans une sorte de pluralisme cohérent : l'alternance méthodique, d'un livre à l'autre et au sein de chaque livre, voire de chaque chapitre, entre des rêveries diurnes (in animus) et des rêveries nocturnes (in anima) permet non seulement d'imprimer à l'imagination un rythme relativement régulier, structurant et dynamisant, mais aussi d'ordonner de façon cohérente et mobile les multiples images que Bachelard recrute et nous invite à (ré)imaginer à notre tour. Enfin et surtout, cette mise en rythme de notre vie imaginative prépare, sans la déterminer étroitement, la mise en ordre de nos actes, la discrète genèse de nos initiatives.

Le *Lautréamont* constitue un texte charnière, où Bachelard réinvestit dans le champ poétique, de façon méthodique et approfondie, les idées-force de la dynamologie de l'agir esquissée dans les ouvrages

36 Jean-Philippe Pierron, *Les puissances de l'imagination*, Cerf, Paris, 2012, p. 44 : « L'imagination créatrice du sujet le met en contact avec le noyau éthique et imaginant qui l'habite. C'est ce qui l'assure dans sa capacité à commencer et à agir puisqu'il l'identifie et l'apprivoise en lui. ».

métaphysiques. L'acte d'agression ducassien apparaît, dans sa fulgurance, comme un acte véritablement initial, de l'ordre d'une « agression pure » sans cause ni fin, ne poursuivant rien d'autre que son propre déploiement :

> Au niveau de cette violence, on découvre toujours un commencement gratuit, un commencement pur, un instant d'agression, un instant ducassien[37].

L'auteur des *Chants de Maldoror* invente une singulière poésie de l'agression, qui constitue en même temps une poétique de l'acte d'agresser. Il renoue pour cela, de façon consciente et hautement élaborée, avec la spontanéité de la vie instinctuelle la plus archaïque, suivant une « véritable ligne de force de l'imagination » verticalement tendue entre « l'ultra-violet de la vie lucide » et « l'infra-rouge de la vie ardente[38] ». On retrouve bien chez Ducasse les idées-force de la dynamologie de l'agir : il apparaît, premièrement, que l'« énergie d'agression », expression de « l'énergie d'existence » thématisée dans *La dialectique de la durée*, se projette en images d'actes d'agression instantanés et discontinus, à travers « une accumulation d'instants décisifs[39]. » Ces images se déploient au sein d'un spectre de variations affectivo-motrices délimité par les images de la griffe et de la ventouse, dont les attaques respectives correspondent pour ainsi dire à deux manières d'entrer en matière, ou d'initier l'attaque contre la chair adverse, par lacération orgueilleuse ou succion craintive. La griffe aux attaques rectilignes, dures et rapides, saccadées et discontinues, trouve son opposé dans la ventouse aux attaques arrondies, molles et lentes, plus régulières et plus continues. Toutefois, une attention détaillée au tissu temporel de ces deux styles d'attaques permet de mettre au jour leur discrète complémentarité : la griffe accroît son tranchant instantané, et même son brisant, en prenant le temps d'un « léger et délicat mouvement de torsion[40] », autrement dit d'une petite incurvation assortie d'un léger ralentissement, comme si elle s'adjoignait les ressources de la ventouse. À l'opposé, les ventouses de la pieuvre pré-mâchent, par leur mouvement lent et mou, le travail du bec dur et incisif. Enfin, d'un point de vue affectif, la dynamique de l'ambivalence travaille ces attaques complémentaires : l'agressivité orgueilleuse, mâle

37 *Ibid.*, p. 145.
38 *Ibid.*, p. 142sq.
39 *Ibid.*, p. 17.
40 *Ibid.*, p. 36.

et vaillante, de la griffe acérée reste couplée à une forte crainte, et l'agressivité craintive de la ventouse à un cruel élan prédateur[41]. Bref, chacun de ces deux styles d'actes tire sa force de son aptitude à réaliser – dans la vibrante ambivalence de « l'instant d'agression » ducassien – cet « équilibre des impulsions contraires » (attaque lacérante – attaque enveloppante) et des « affectivités opposées » (attaque cruelle – attaque craintive), dont le dynamisme innerve – à la jointure de l'actif et du passif – nos initiatives les plus offensives. Cette ambivalence dynamique est d'ailleurs sensible non seulement à travers le détail des images, mais aussi – de manière plus générale – à travers la « souplesse anguleuse[42] » du verbe ducassien. Il apparaît, deuxièmement, que chaque reprise de l'acte d'agression initial introduit une discrète nouveauté, comme il advient, par exemple, lorsque l'attaque rectiligne de la griffe se renforce d'une subtile incurvation, exploitant de la sorte les « possibilités de déviation » pointées dans *La dialectique de la durée*. Il apparaît, enfin, que les actes d'agression discontinus qui forment le tissu temporel de l'action agressive se coordonnent selon un certain rythme poétique, plus ou moins rapide et saccadé (griffe) ou lent et continu (ventouse), que l'imagination ducassienne parvient à régler avec une « sûreté verbale et acoustique » sans faille[43]. Se profile ainsi chez Ducasse, au-delà d'une poésie de l'agression, une véritable poétique de l'acte agressif, qui constitue à bien des égards une ressource décisive pour l'agir. Méditer les images ducassiennes, c'est en effet renouer de façon consciente avec « une énergie de faire[44] » mobilisant toujours une pointe d'agressivité ; c'est éprouver corps et âme les variations affectivo-motrices possibles de « l'énergie d'agression », son « potentiel biologique varié[45] » en devenant nous-même griffe ou ventouse, offensivité lacérante et/ou enlaçante ; c'est enfin, par là même, explorer notre propre agressivité, afin d'individualiser cette agressivité archaïque, inconsciente et indifférenciée, qui appartient à la vie primitive, et innerve jusqu'à nos initiatives les plus spiritualisées.

L'eau et les rêves, qui présente d'emblée la rêverie littéraire comme impliquant un « rêve initial[46], » porté en l'occurrence par une adhésion

41 *Ibid.*, p. 121.
42 *Ibid.*, p. 22.
43 *Ibid.*, p. 83.
44 *Ibid.*, p. 145.
45 *Ibid.*, p. 24.
46 Id., *L'eau et les rêves*, *Op. cit.*, p. 27.

à la dynamique de l'élément liquide, reprend dans le chapitre sur *L'eau violente* l'étude du mouvement agressif amorcée dans le *Lautréamont*. Bachelard inscrit alors à la racine de l'intentionnalité imaginante un acte de provocation animé d'une « colère a priori » contre le monde[47], et ébauche une singulière « psychologie initiale » de l'action :

> De ce point de vue activiste, les quatre éléments matériels sont quatre types différents de provocation, quatre types de colères. Vice versa la psychologie, si elle devenait véritablement soucieuse des caractères offensifs de nos actions, trouverait, dans des études de l'imagination matérielle, une quadruple racine du principe de colère[48].

Les rêveries matérielles nous préparent à l'action, en alertant en nous des affects initiaux comme l'orgueil ou surtout la colère, « acte commençant[49] », ainsi que des vertus initiales comme le courage[50]. Chaque élément constitue, en ce sens, une initiation à l'initiative et à la dynamique onirico-affective qui l'anime. Le poète exprime, en l'individualisant, la force d'induction poético-pratique propre aux éléments : l'image du nageur contre la tempête, empruntée à Swinburne, fonctionne comme un « schème de courage » pour la volonté, la préparant dynamiquement à braver la tempête : par son crawl au rythme rapide, tonique et tranchant, le nageur répond activement à la colère de l'élément, adversaire auquel elle rend coup sur coup, dans une sorte de corps-à-corps chargé d'ambivalences galvanisantes, comme celle du froid paralysant et de la chaude circulation, de la crainte et du courage, ou encore de la douleur et de la joie[51]. L'étude que *L'eau et les rêves* consacre à la « dynamogénie du marcheur contre le vent » chez Nietzsche, constitue une illustration plus remarquable encore des vertus initiales de l'image. Cette marche au grand air, « pure comme une poésie pure[52] », emprunte son dynamisme à l'élément aérien dont elle affronte la colère, ainsi qu'à sa manière toute singulière d'organiser de façon cohérente – dans un polyrythmie réglée – une

47 *Ibid.*, p. 215.

48 *Loc. cit.*

49 Id., *L'air et les songes*, *Op. cit.*, p. 283 : « La colère est l'acte commençant. Si prudente que soit une action, si insidieuse qu'elle se promette d'être, elle doit d'abord franchir un petit seuil de colère ».

50 Id., *L'eau et les rêves*, *Op. cit.*, p. 215 : les quatre éléments nourrissent « quatre types de courage et de vigueur. »

51 *Ibid.*, p. 224-228.

52 *Ibid.*, p. 218.

pluralité d'impulsions instantanées et discontinues, qui correspondent au pas énergiques et percutants du marcheur, aux coups de canne qu'il porte contre la terre et contre l'air, aux paroles qu'il projette aux quatre vents. Chacune des impulsions qui scandent cette marche pure et en réinitient le dynamisme accumule de façon inédite, dans le temps vertical de la poésie, une pluralité cohérente de fines ambivalences, comme celles de la timidité et du courage, de la mélancolie et de la colère, de la tristesse et de la joie. Aussi l'image dynamique pure du marcheur contre le vent peut-elle, à l'instar de celle du nageur contre la tempête, dynamiser notre affectivo-motricité dans le sens d'une combativité élémentaire, et soutenir notre capacité à (re)commencer, chaque impulsion participant ici d'un éternel retour de la force, producteur de nouveauté. Le chapitre de *L'air et les songes* consacré au psychisme ascensionnel nietzschéen complète cette analyse, en permettant de la réinscrire plus nettement encore dans une poétique de l'initiative. Si Nietzsche est un véritable « poète de l'action », et non de la contemplation, c'est avant tout parce qu'il est à ses yeux « l'initiateur absolu » :

> Pour Nietzsche, pas d'initiation ; il est toujours, primitivement, *l'initiateur*, l'initiateur absolu, celui que personne n'a initié[53].

L'air de la haute montagne devient l'élément d'une puissante connivence entre le rêveur et le monde, au sens d'une entente tacite préparant une action commune : cet air pur, froid et tonique est la substance même de décisions lucides, détachées et énergiques, « la substance même de notre liberté. » En vertu de sa substantialité minimale, de sa pureté, de sa légèreté et de sa mobilité, l'air est le support et le vecteur rêvé d'une conscience enfin libérée des lourdeurs et des inerties qui entravent l'initiative, ou entraînent l'agir sur la mauvaise pente d'une passivité inopérante : « L'air est conscience de l'instant libre, d'un instant qui ouvre un avenir[54] ». Les images nietzschéennes produisent au jour un cosmos de l'initiative solidement et puissamment axé : la montagne, le sentier escarpé, la marche contre le vent, le pin au bord de l'abîme, l'aigle, la conquête du sommet acéré perçant le ciel bleu se groupent pour constituer une « ligne d'images » polarisée dans le sens des valeurs diurnes, traçant, comme en pointillés, les linéaments d'une vie héroïque.

---

53 Id., *L'air et les songes*, *Op. cit.*, p. 148.
54 *Ibid.*, p. 156.

Le dyptique sur *La terre* engage ensuite la poétique de l'initiative sur la voie d'une rematérialisation, du fait de la substantialité de l'élément terrestre, et grâce aux vertus du travail des matières qui, par leur « coefficient d'adversité » différenciés, enseignent différentes manières d'entrer en matière, de mettre le corps et l'esprit à l'ouvrage, voire « des types individualisés de souplesse et de décision[55]. » Les rêveries de la forge comptent parmi ces « rêveries initiales », parmi ces « rêveries actives qui nous incitent à agir[56]. » Son air dense et ardent, aux antipodes de l'air épuré et froid des sommets nietzschéens, est un élément autrement initial, celui de décisions bien trempées, solidement forgées au gré d'actes percussifs, d'une violence maîtrisée et constructive, administrée avec rapidité, adresse et précision. L'atmosphère de la forge induit, d'emblée, une respiration « lente et profonde », « à la fois introvertie et extravertie », dont le schème matériel est le soufflet du forgeron. Elle dénoue l'angoisse des commencements, en libérant le rêveur de « cet asthme du travail qui est au seuil de tout apprentissage[57] ». Au seuil du travail effectif le forgeron lui-même prend son souffle en mimant le geste à venir :

> Parfois, à vide, pour se faire et la main et l'oreille, le forgeron fait sonner le marteau sur l'enclume ; il commence sa journée de travail par les arpèges de sa force profonde[58].

Cette préparation dynamique, qui noue la main à l'épaule en passant par le cœur, lui permet d'éprouver et de régler, par une autoscopie imaginative de ses énergies motrices et affectives, les forces qu'il s'apprête à mobiliser. Méditer activement l'image du forgeron, « marteler » à notre tour en imagination avant d'agir, revient alors à se mettre en situation d'attaquer avec confiance le travail le plus résistant ; c'est s'initier à un art de l'attaque massive et précise, à un « art du choc » qui intègre selon un rythme maîtrisé des instants violents, et initier un style d'agir individualisé, fait de décisions percutantes : « Dis-moi comment tu imagines le forgeron et je saurai de quel cœur tu te mets à l'ouvrage[59] ».

55 Id., *La terre et les rêveries de la volonté*, *Op. cit.*, p. 31.
56 *Ibid.*, p. 35, p. 16.
57 *Ibid.*, p. 139.
58 *Ibid.*, p. 128.
59 *Ibid.*, p. 168.

Les analyses que Bachelard consacre à la méthode du rêve éveillé de Robert Desoille, dans *L'air et les songes* puis dans *La terre*, mettent autrement en évidence les vertus poético-pratiques de l'image. Une « image initiale » choisie avec discernement et proposée l'instant venu à la libre imagination du sujet permet d'assurer – bien au-delà du simple « déblocage » offert par la psychanalyse classique – sa « mise en marche » active : en vertu de son aptitude à induire au cœur de l'homme une « nouveauté sentimentale », elle participe d'une psychosynthèse créatrice, capable *à la fois* de « rectifier un passé mal fait », parfois un passé qui fait mal et obère ses capacités, *et* d'ouvrir un avenir de nouveauté, riche de possibilités. Bien plus, en invitant le sujet à suivre des « lignes d'images » présentées « en bon ordre » – c'est à dire de manière à induire une ascension (air) ou une descente (terre) imaginaire le long de l'axe des images – on « détermine » chez ce dernier des « actions cohérentes[60] », dynamisées et étayées par les puissances de la rêverie.

FRAGMENTS D'UNE POÉTIQUE DE L'INITIATIVE : PAR-DELÀ BERGSON ET SARTRE

Cette poétique de l'initiative implique une approche dynamiste de l'imaginaire faisant de ce dernier – par analogie avec un champ électromagnétique – un univers mental polarisé et tendu, structuré selon la dualité polaire du Jour et de la Nuit, autour d'un axe vertical couplant dynamiquement – dans un temps synchronique – les pôles imaginaires de la « hauteur » diurne et de la « profondeur » nocturne. Les images sont elles-mêmes, en tant qu'éléments de ce champ, des réalités dynamiques polarisée et orientées, caractérisées par une certaine intensité et par une certaine tonalité affective, qui les investissent d'une valeur existentielle. Chaque image subit l'influence des autres images du champ et ne prend sens, c'est-à-dire force et consistance, qu'en fonction de sa relation aux autres images, avec lesquelles elle peut former, à l'instar des grains de limaille dans un champ électromagnétique, des « lignes d'images » polarisées et orientées, qui correspondent à des lignes d'orientation de

60 Id., *L'air et les songes*, *Op. cit.*, p. 130.

l'agir se laissant pressentir et entrevoir à travers ces images. Certaines images peuvent intervenir à titre créateur et actif en modifiant, par leur force d'induction propre, les lignes de force de ce « champ d'imagination sensibilisée[61] », autrement dit sa polarisation et sa tonalisation affectives. Les images poétiques les plus pures, produits de l'imagination dynamique, parviennent à coupler verticalement – dans une tension vibratoire – les pôles opposés et complémentaires de la « hauteur » diurne et de la « profondeur » nocturne. De façon schématique, l'imagination dynamique peut orienter l'affectivité dans le sens de la Nuit (ou de *l'Anima* nocturne) et/ou dans celui du Jour (ou de *l'Animus* diurne). Dans le premier cas, elle induit un sentiment d'« intensité douce[62] », d'orientation érotique, qui attise en retour un imaginaire intimiste et conciliateur, cette dialectique onirico-affective animant des « rêveries du repos » (au sens d'un repos actif, vibré et intense, impliquant de la part du sujet une passivisation active). Dans le second cas, elle induit un sentiment non moins intense mais autrement tonalisé, d'orientation éristique, un sentiment d'ardeur combative[63], qui attise en retour un imaginaire efférent et polémique, cette dialectique onirico-affective animant cette fois des « rêveries de la volonté » (la volonté devant ici s'entendre au sens d'un vouloir-faire conscient et maîtrisé mais enveloppant un fond de passivité). L'image poétique induit alors chez le lecteur une véritable verticalisation affective, qui peut s'entendre au double sens d'une intensification et d'une rénovation : alors que l'affectivité ordinaire tend à se laisser entraîner, dans un temps horizontal, par un mouvement d'alternance cyclothymique entre affects opposés, une affectivité imaginativement dialectisée et augmentée accumule dans un temps vertical, de façon inédite et émotionnellement novatrice, une pluralité cohérente de fines ambivalences. Elle induit de la sorte une rénovation à la source de l'affectivité, ou des é-motions qui nourrissent et éclairent notre puissance d'agir.

L'ORIENTATION DYNAMIQUE DE L'AGIR

Les images poétiques deviennent les supports et les vecteurs d'une « orientation dynamique » de l'agir, en rupture avec toute perspective platement rationaliste ou utilitariste : « Le mot *idéal* », souligne Bachelard,

61 Id., *La terre et les rêveries du repos*, *Op. cit.*, p. 78.
62 Id., *Fragments d'une poétique du feu*, *Op. cit.*, p. 7.
63 Id., *La terre et les rêveries de la volonté*, *Op. cit.*, p. 43.

« est finalement trop intellectuel, le mot *but* trop utilitaire[64]. » La reconnaissance des vertus poético-pratiques de la rêverie permet précisément de frayer une voie inédite, du point de vue d'une philosophie de l'action, entre un idéalisme de type kantien et un réalisme utilitariste qui – restant respectivement à la remorque de l'idéal et du réel – condamnent l'agent à osciller entre un formalisme noble mais inopérant et un pragmatisme étriqué. Cette « orientation dynamique » exige de quitter le « règne du concept » et le « règne de l'action[65] » pour celui d'une imagination pure, affranchie de la contrainte du réel et de la loi. Il s'agit de s'immerger dans le champ des images, de nos images, pour s'installer dans une ambiance onirico-affective propice à de nouveaux commencements. Toutefois, ceci n'aboutit nullement à soumettre l'agir à la spontanéité incontrôlée des affects, et à cautionner quelque irrationalisme : une rêverie lucide et active, méthodiquement dirigée, mobilise de façon autonome l'affectivité la plus profonde et la plus primitive, avec le discernement et le contrôle qui sont la marque de la conscience. On peut ici établir une analogie entre l'activité diurne du cogito onirique méditant les images poétiques et celle du dormeur nocturne. Les « rêveries du repos » sont à la rêverie poétique ce que le rêve profond, au centre de la Nuit, est au sommeil : elles induisent une concentration poétique de soi dans un espace-temps concentré et resserré figuré par la gangue enveloppante et spiralée de la chrysalide. Cet espace-temps concentré et contracté, richement potentialisé, est celui où germinent nos initiatives les plus volontaires, où se préméditent – dans le silence de la Nuit – les actions du Jour. Les « rêveries du repos », polarisées dans le sens de *l'anima* nocturne, prennent également pour centre les images de la douceur enveloppante et permettent, bien au-delà d'une simple détente de la volonté, un repos intense équivalant en effet à une concentration poétique de l'être, qui prépare son expansion pratique. Elles nous font renouer avec ce noyau poético-pratique qui nous habite et nous habilite à commencer, et dont le cœur est l'archétype de l'enfance, « grand archétype de la vie commençante. » Elles réactivent ce « noyau d'enfance » qui est en nous, au sens d'une « enfance potentielle », immémoriale et anonyme, riche de toutes les possibilités de (re)commencements[66]. À l'opposé, les

64 *Ibid.*, p. 97.

65 Id., *L'air et les songes*, *Op. cit.*, p. 132.

66 Id., *La poétique de la rêverie*, *Op. cit.*, p. 108-109.

« rêveries de la volonté », polarisées dans le sens de l'*animus* diurne, sont à la rêverie ce que le sommeil finissant, au seuil du réveil, est au rêve :

> Au lieu de spirales, voici des flèches avec une pointe d'agressivité. L'être se réveille hypocritement, gardant encore les yeux fermés et les paumes paresseuses. Mais le centre a des forces nouvelles. L'être était plastique, le voici plasmateur. Au lieu d'un espace arrondi, voici un espace avec des directions préférées, des directions voulues, des axes d'agression. Comme les mains sont jeunes quand elles se font à elles-mêmes des promesses d'action, des promesses d'avant l'aube ! Le pouce joue sur le clavier des quatre autres doigts. Une argile de rêve répond à ce tact délicat. L'espace onirique, à l'approche du réveil, a des gerbes de droites fines ; la main qui attend le réveil est une touffe en vie, une touffe de muscles, de désirs, de projets. Alors les images ont un autre sens. Elles sont déjà des rêveries de la volonté, des schèmes de volonté[67].

De fait, les rêveries de la volonté induisent, avant toute action effective, une vectorisation analogue du champ des images, dont elles font émerger des axes de volonté qui répondent aux « promesses d'action » de la Nuit finissante, dans une sorte de buissonnement d'orientations inchoatives et spontanées, figuré par l'image de la gerbe (« une gerbe de droites fines ») ou, mieux encore, d'une « touffe de vie ». Cette vectorisation de l'imaginaire a pour corrélat subjectif une réouverture motrice (« une touffe de *muscles*... »), affective (« de *désirs* ») et imaginative (« de *projets* »), de telle sorte que c'est bien l'être total du rêveur, son corps, son cœur et son esprit, qui s'ouvre poétiquement – avant toute décision unilatéralement rationnelle et tout engagement dans des actions effectives – à de nouvelles possibilités de (re)commencer. De même que « la nuit saine qui refait l'homme, qui le met tout neuf au seuil d'une nouvelle journée » doit être une nuit complète rythmée par un double mouvement de concentration et d'expansion, une rêverie véritablement ressourçante et rénovatrice – capable de déployer toutes ses vertus poético-pratiques – doit s'exercer au rythme alterné des « rêveries du repos » et des « rêveries de la volonté », la concentration poétique de soi préparant – sans la déterminer étroitement – l'expansion pratique dans l'agir. Le déploiement des vertus poético-pratiques de la rêverie requiert cette mise en rythme énergique, adroite et lucide, de notre activité imaginative.

---

67 Id., *Le droit de rêver*, PUF Quadrige, Paris, 1999, *L'espace onirique*, p. 199.

DÉPOLARISATIONS ET DÉRÈGLEMENTS DE L'IMAGINATION POÉTICO-PRATIQUE

Cette approche permet de pointer un double risque de dépolarisation de l'imagination poético-pratique, par excès ou défaut d'altitude imaginaire, ces deux risques se trouvant respectivement illustrés par l'intuitionnisme immersif de Bergson et par le rationalisme surplombant de Sartre. Ces derniers représentent pour Bachelard les deux faces, nocturne et diurne, d'un certain intellectualisme français, à la fois oniriquement surdéterminé et aveugle aux pré-conditions oniriques qui précèdent et sous-tendent l'exercice effectif de la liberté. Le défaut d'altitude imaginaire caractérise l'intuitionnisme immersif d'un Bergson qui, privilégiant une vision en profondeur, s'avère originairement prédéterminé par un imaginaire hydrique polarisé dans le sens de la Nuit, ou de l'intimité profonde. Ce défaut d'altitude imaginaire a pour corrélat une hypertonie affective et une incapacité à résister à la dynamique affective de l'image, qui compromet toute véritable possibilité d'initiative par un effet d'entraînement non maîtrisé, court-circuitant le contrôle de la conscience. Il contribue en outre à éclairer, sur un plan théorique, la détermination de la conscience comme durée intime ou vécue, ainsi que son corrélat, celle de l'acte libre comme expression immédiate et totale du passé que nous sommes, ou d'un élan continu engageant « notre passé tout entier[68]. » À l'autre pôle, l'excès d'altitude imaginaire est caractéristique du rationalisme surplombant de Sartre qui, privilégiant une vision panoramique et monarchique, s'avère pour partie déterminé par un imaginaire aérien polarisé dans le sens du Jour, ou des « rêves dans la hauteur claire[69] ». Cet excès d'altitude imaginaire a pour corrélat une hypotonie affective, autrement dit une incapacité à participer à la dynamique affective de l'image, qui compromet toute initiative véritablement incarnée et engagée. Un tel imaginaire sous-tend en outre, d'un point de vue théorique, la détermination explicitement anti-bergsonienne de la conscience – désormais claire comme un grand vent – comme néantisation active, ainsi que son corrélat, celle de la liberté comme pure projection vers l'avenir d'un pour soi évidé, par rupture radicale avec

68 Id., *La dialectique de la durée*, *Op. cit.*, p. 1.
69 Id., *La poétique de l'espace*, *Op. cit.*, p. 35.

un passé versé au registre de l'en soi et de la passivité. Aussi Sartre reste-t-il, selon Bachelard, du fait même de son opposition massive et radicale à Bergson, « bergsonien malgré lui[70] ». Qu'elle soit placée sous le signe d'un élan continu récapitulant tout un passé ou sous celui du projet irruptif faisant rupture avec tout passé, l'imagination poético-pratique apparaît dans les deux cas mono-orientée et demi-verticalisée. Ces deux approches, continuiste et discontinuiste, de la dynamique de l'agir, apparaissent ainsi imaginairement extorquées, et peuvent être renvoyées dos-à-dos. Elles participent en somme d'un même idéalisme de la liberté, animé par le rêve d'un commencement absolu, que ce dernier se trouve envisagé comme une rupture massive et radicale avec tout passé, sur le mode du projet, ou comme mobilisation sans reste et sans réserve d'un passé intégral, sur le mode de l'élan. En outre, leur monopolarisation imaginative retentit en profondeur sur le plan affectivo-émotif, compromettant ainsi à l'une de ses sources la dynamique de l'initiative : l'orientation nocturne de l'imaginaire bergsonien exprime et reconduit, tout en l'attisant, une propension à la mélancolie, dont la survalorisation du continu – à la fois imaginaire et conceptuelle – constitue le symptôme. Cette « émotion première », associée à l'eau comme élément matriciel (et à la Mère comme archétype) colore les métaphores hydriques du bergsonisme ; elle nourrit, à rebours des exigences de l'agir, une tendance, régressive et involutive, à la passivité, en même temps qu'à un rêve d'immersion voire de fusion dans le devenir ambiant, en l'occurrence dans cette Durée dont nous sommes et qui nous porte. Il manque à cette mélancolie passive, pour se convertir en mélancolie créatrice, l'ambivalence propre aux affects actifs, cette nuance de colère et cette fine pointe d'agressivité qui, pour Bachelard, anime toute volonté de faire[71]. À l'opposé, l'orientation diurne de l'imaginaire sartrien exprime et reconduit une colère passive et impuissante, une colère « rentrée » jusqu'à la nausée, cherchant vainement à s'arracher – par une prise de distance altière – à l'engluement mélancolique dans un passé, à cette « misère d'être englué[72] », voire d'être aspiré dans une

70 Id., *L'activité rationaliste de la physique contemporaine*, PUF, Bibliothèque de Philosophie Contemporaine, Paris, 1951, p. 57.

71 « Mélancolie active », « agressive », qui est celle d'un J. Boehme. Voir G. Bachelard, *La terre et les rêveries de la volonté*, José Corti, Paris, 2004, p. 112.

72 G. Bachelard, *La terre et les rêveries de la volonté*, *op. cit.*, p. 116.

profondeur molle et baveuse où s'abîmerait tout vouloir. Cette colère rentrée, « pétrifiée[73] », sédimentée en un cœur médusé, ne peut pas davantage se convertir en colère active et créatrice, passer de cette misère d'être englué à une « colère qui libère » et nous rend à la joie de commencer[74].

Il s'agit donc de dépasser cette opposition pour promouvoir, contre Bergson et Sartre mais aussi avec eux, en les rectifiant pour ainsi dire l'un par l'autre, une véritable imagination poético-pratique. C'est pourquoi les « rêveries initiales » cultivées par Gaston Bachelard exigent de la part de la conscience une vigilance et un effort pour se situer à un juste niveau d'altitude imaginaire, afin d'éviter toute mono-polarisation onirico-affective affective en « hyper » (Bergson) ou en en « hypo » (Sartre) et d'entretenir la dynamique active-passive qui innerve notre capacité à commencer. Il s'agit de se tenir au centre d'un spectre de variations poético-pratiques délimité par les pôles du Jour et de la Nuit : ni « trop haut », dans la bande supérieure du spectre, celles des rêveries de la hauteur diurne, qui correspond à la zone hyper intellectualisée des projets rationnels, sevrés de tout élan affectif ; ni « trop bas », c'est-à-dire dans la frange ou dans la bande inférieure des rêveries de la profondeur nocturne, qui correspond pour sa part à la zone hyper sensibilisée des actions sans projet, inféodées à la force d'entraînement affectivo-motrices des images premières. On peut donc positionner les « rêveries initiales[75] » au centre d'un spectre délimité par le pôle diurne des « projets d'animus » et le pôle nocturne des « rêveries d'anima » ou des « rêveries sans projet[76]. » La mise en tension de ces deux imaginaires mono-orientés et semi-verticalisés fraie ainsi la voie de leur dépassement, comme s'ils étaient appelés à s'étayer et à se dynamiser mutuellement, à la faveur d'une sorte de chiasme permettant leur verticalisation conjuguée. Il n'y a pas d'élan viable qui ne se déploie selon un projet plus ou moins rationnel, ni de projet viable qui ne se soutienne d'un élan susceptible de le motiver. L'initiative procède d'une dynamique active-passive qui fait d'elle à la fois un projet orienté et un élan dirigé, de telle sorte que l'on peut y voir aussi bien, dans un style continuiste (bergsonien), le comble d'une

73 *Ibid.*, p. 198.
74 Id., *Le droit de rêver*, *op. cit.*, p. 73 ; Id., *La terre et les rêveries de la volonté*, *op. cit.*, p. 116.
75 Id., *La terre et les rêveries de la volonté*, *op. cit.*, p. 16.
76 Id., *La poétique de la rêverie*, *op. cit.*, p. 30 ; p. 19 ; p. 53.

maturation préalable lui imprimant tout son élan, que, dans un style discontinuiste (sartrien), un pur surgissement de nouveauté sous l'égide d'une conscience néantisante. Son émergence présuppose que se réalise, au niveau de ses « conditions pré-initiales », cette « convergence entre l'évidence des motifs et la joie de l'acte », dont elle sera, à l'instant de la prise de décision, la vivante et consistante concrétion. Or, l'image dynamique parvient justement à solidariser, dans l'instantanéité de sa création comme de réception, la « poussée » d'un passé et « l'aspiration » à un avenir de nouveauté, en vertu d'une « dynamique de libération » autrement opératoire que la cinématique de la liberté proposée par Bergson, qui ne parvient pas à relier véritablement ces deux images[77]. Méditer l'image poétique peut dès lors nous aider à verticaliser notre imagination poético-pratique, à orienter nos projets et à diriger nos élans, ou encore à (re)donner de l'élan à nos projets et à (re)initier nos élans, en évitant le double écueil d'une rationalisation sans âme et d'une abréaction sans esprit. Toutefois, cette dynamique active-passive, à travers laquelle se nouent le rôle directeur du projet et le rôle conducteur de l'élan, ne saurait être ni massivement décrétée par une conscience souveraine, ni spontanément produite par quelque maturation souterraine : elle doit être discrètement initiée et relancée à la faveur de multiples rêveries centrées autour d'images dynamiques bien dualisées, qui ébranlent par « action vibrée », sur un mode homéopathique, les routines affectives obérant notre créativité poético-pratique, et libèrent de la sorte – de façon réglée et contrôlée – des potentialités d'action inédites. Bachelard prend clairement ses distances par rapport à une certaine dramaturgie de la liberté, mise en récit avec emphase, qu'il s'agisse de « cette liberté que les prophètes de "l'être engagé" veulent systématiquement périlleuse, dramatique » ou de celle qui se trouve impliquée dans « les grands actes libres mis en lumière par la philosophie bergsonienne[78] », qui finissent par rabattre la liberté l'une sur un projet rationnel à caractère idéologique, l'autre sur un élan irrationnel à caractère religieux : les actes les plus individualisés et les plus novateurs se préméditent et se préfigurent dans la solitude, au gré de discrètes rêveries dont la verticalité fait déjà rupture – au seuil de l'agir – avec les actions spectaculaires et claironnantes de la vie horizontale.

---

77 Id., *L'air et les songes*, *op. cit.*, p. 291sq.

78 Id., *La terre et les rêveries de la volonté*, *op. cit.*, p. 97 ; *La poétique de l'espace*, *op. cit.*, p. 16.

LE FEU DE L'INITIATIVE : LES IMAGES-ACTE DE PROMÉTHÉE ET D'EMPÉDOCLE

Le feu, « super-élément dynamique[79] », peut être considéré comme l'élément privilégié d'une poétique de l'initiative ou de « l'acte libre », en l'occurrence de « l'acte igné[80] ». Élément vertical et verticalisant, il accumule à travers son dynamisme plusieurs ambivalences décisives, à commencer par celle de l'actif et du passif ou du « brûlé » et du « brûlant[81] ». L'enfant en fait l'expérience initiatique à l'instant où il ose pour la première fois plonger sa main à travers la flamme, ou élever un feu en dérobant des allumettes, double désobéissance à la loi paternelle faisant déjà de lui un petit Empédocle et « petit Prométhée », exerçant sur ses deux versants sa liberté de (re)commencer, de « prendre le feu » ou de « se donner au feu[82] ». Ambivalence, également, de la destruction et de la création, ou d'un passé à consumer, ici et maintenant, pour libérer de nouvelles capacités d'initiative et ouvrir un avenir[83].

Son dynamisme verticalisant, que les images ignées donnent à éprouver, se dédouble selon la dualité onirico-affective du Jour et de la Nuit, du « feu d'animus » et du « feu d'anima », du « feu violent » et du « feu doux[84] », du feu qui surgit en traits instantanés (éclair, flammèche, étincelle) ou du feu qui couve en profondeur, « dans l'âme aussi sûrement que sous la cendre[85] ». Les images ignées attisent le « feu du cœur humain[86] » et déterminent une affectivité ouverte et entreprenante : feu érotique de l'amour et de la chaleur affective et/ou feu éristique de la colère et de l'ardeur combative, elles aiguisent sur ses deux versants le « courage du renouveau », mettant véritablement le cœur à l'ouvrage[87]. Elles deviennent les supports et les vecteurs d'une active rénovation du cœur et, par là même, étayent et dynamisent notre capacité à (re)commencer. Le cœur, foyer psycho-physique d'un courage de commencer impliquant une confiance et une offensivité élémentaires,

---

79 Id., *Fragments d'une poétique du feu*, *op. cit.*, p. 165.
80 *Ibid.*, p. 139 ; p. 68.
81 *Ibid.*, p. 28.
82 Id., *La psychanalyse du feu*, *op. cit.*, p. 189.
83 Id., *La flamme d'une chandelle*, PUF Quadrige, Paris, 2003, p. 66.
84 Id., *Fragments d'une poétique du feu*, PUF, Paris, 1988, p. 7.
85 Id., *La psychanalyse du feu*, *op. cit.*, p. 35.
86 Id., *Fragments d'une poétique du feu*, *op. cit.*, p. 104.
87 *Ibid.*, p. 91.

peut ainsi faire l'objet d'une véritable éducation poétique. Le feu, avant de devenir « feu de l'action[88] », ou de se projeter en actions effectives, est un feu médité par une imagination active.

Prométhée, « *l'homme qui allume, qui active le feu* » et Empédocle, « *héros de la mort libre par le feu*[89] » apparaissent comme les deux héros de cette poétique de l'initiative, ou d'une « poétique de l'héroïsme pur[90] ». *La psychanalyse du feu* s'achevait, déjà, par un appel à reconnaître la féconde complémentarité des complexes de Prométhée et d'Empédocle[91]. Les *Fragments d'une poétique du feu* reprennent l'étude des images poétiques de Prométhée, héros du feu solaire, et d'Empédocle, héros du feu volcanique. Fidèle à sa méthode de bipolarisation, Gaston Bachelard détermine, à travers les chapitres successivement consacrés aux deux héros, deux « champs d'images » opposés et complémentaires[92]. La référence croisée aux philosophies de la liberté de Bergson et à Sartre transparaît discrètement dans les descriptions et analyses qu'il consacre à l'acte prométhéen et à l'acte empédocléen : Prométhée décide, en initiant un « *élan* surhumain[93] », de se projeter d'un seul acte vers les hauteurs claires pour y conquérir le feu du Ciel, convertissant en colère active et créatrice, par cet acte de désobéissance, la mélancolique continuité d'une existence passive et soumise. Sur l'autre pôle, Empédocle décide de « *se jeter* » dans les profondeurs d'une Terre en fusion, en vertu d'un acte d'anéantissement autrement concret et libérateur que la néantisation sartrienne, convertissant d'un seul acte la mélancolie d'une existence vouée à la mort en décision de mourir pour renaître[94].

Les images de Prométhée et d'Empédocle sont ce que Bachelard nomme désormais des « images-acte » ou, en vertu de la réversibilité de l'actif et du passif, des « actes-images », c'est à dire, selon sa propre expression, des « pré-actes qui ne passent pas à l'acte[95] ». De telles images

88 Sur le « Feu de l'action », voir J.-Ph. Pierron. *Les puissances de l'imagination, op. cit.*, conclusion.

89 G. Bachelard, *Fragments d'une poétique du feu, op. cit.*, p. 110 ; p. 139.

90 *Ibid.*, p. 147.

91 Id., *La psychanalyse du feu, op. cit.*, p. 189.

92 Id., *Fragments d'une poétique du feu, op. cit.*, p. 70.

93 *Ibid.*, p. 131. Voir les différentes variations sur ce thème dans *La flamme d'une chandelle*, notamment « élan survital » (p. 65), « élan zénithal » (p. 58).

94 Voir, sur ce point, G. Bachelard, *Fragments d'une poétique du feu, Op. cit.*, p. 137 ; p. 142 ; p. 160 ; p. 139.

95 *Ibid.*, p. 138.

ne court-circuitent pas la conscience sur le mode de l'abréaction, mais nous disposent affectivement et nous inclinent à agir selon certaines orientations, attendant pour ainsi dire le signal proprement décisif de la conscience pour « passer à l'acte », c'est-à-dire pour se convertir – de façon consciente, lucide et contrôlée – en actes initiaux clairement orientés. Elles nous placent, dit Bachelard, « en situation d'activité », car elles activent en nous – par les vertus d'un langage poétique autonome – l'énergie potentielle et la force d'orientation des archétypes. Ces derniers constituent la couche primitive et profonde, immémoriale, d'un noyau poético-pratique richement stratifié. L'image de Prométhée, par exemple, est à la fois une image archétypale, en tant qu'expression privilégiée de l'archétype du Héros, qui sédimente au sein du psychisme l'expérience ancestrale de l'homme révolté, désireux d'en savoir et d'en faire plus que le Père, plus que les Dieux, et de transcender sa condition, dans la tension de celui qui s'expose ainsi à l'implacable sanction du réel et de la loi ; une image matérielle, au sens où Prométhée incarne la dynamique verticalisante et l'ambivalence de l'élément igné ; une image mnésique, au sens où elle s'enrichit de souvenirs individuels (pour Bachelard, le souvenir du père maniant le tisonnier ; celui du vol des allumettes...) ; enfin une grande image culturelle, dont les poètes produisent des variations inédites, individualisant l'image archétypale et matérielle. L'« image-acte » nous replace ainsi, pour reprendre l'analogie proposée dans *La dialectique de la durée*, dans ces « conditions pré-initiales » de l'acte ouvertes aux plus riches possibilités. Toutefois, précise Bachelard, cette « situation d'activité » demeure une « situation d'activité *contrôlée* », exigeant une surveillance poétique de soi qui est le corrélat de la surveillance rationnelle exigée sur le versant scientifique de l'œuvre : l'acte prométhéen est, pour une imagination poético-pratique bien réglée, un acte de « désobéissance *adroite*[96] », qui implique un élan maîtrisé par une conscience lucide et active, et qui saura être suffisamment adroite pour « éviter la punition », c'est-à-dire pour subvertir le réel et la loi sans toutefois en subir la sanction ; et l'acte empédocléen, « possibilité de l'homme libre », implique pour sa part un « vertige *maîtrisé*[97] », rompant avec celui, irrésistiblement nauséeux, d'une conscience sartrienne cherchant vainement à conjurer la hantise de la chute en se réfugiant dans

96 *Ibid.*, p. 126.
97 *Ibid.*, p. 161.

une attitude de surplomb et dans l'affirmation d'une liberté abstraite, sans racines oniriques. Bachelard poursuit ainsi sa critique des philosophies de la liberté de Bergson et de Sartre, qui traverse la quasi-totalité de l'œuvre poétique. Il entend les purger de leur intellectualisme, afin d'en libérer le potentiel poético-pratique, et redynamiser leurs images, en les redressant soit dans sens du Jour soit dans celui de la Nuit, selon qu'elles pêchent plutôt par mono-orientation nocturne (Bergson) ou diurne (Sartre). Il s'agit pour ainsi dire de réinitier l'élan bergsonien, dans le sens des « projets d'animus » ou des valeurs diurnes, et de redonner de l'élan à la néantisation sartrienne, dans le sens des « rêveries d'anima » ou des valeurs nocturnes, afin de prémunir l'imagination de la liberté de toute mono-orientation.

En méditant les actes de Prométhée et d'Empédocle, l'imagination appréhende de façon spontanée mais poétiquement élaborée, sur le mode d'un engagement affectif intense mais contrôlé, les valeurs héroïques qui l'incitent à agir. Ces « images-acte » s'avèrent autrement mobilisatrices que toute leçon de morale générale faites de maximes formelles ou d'exemples empiriques. Elles constituent les combustibles oniriques privilégiés d'une poétique de l'initiative : « Désobéir pour agir », affirme Bachelard, « est la devise du créateur. L'histoire des hommes en ses progrès est une suite d'actes prométhéens. Mais, dans le tissu même d'une vie individuelle, l'autonomie conquise est faite d'une série de menues-désobéissances prométhéennes, de désobéissances adroites, bien associées, patiemment poursuivies[98]. » L'action individuelle peut ainsi trouver dans les images du feu une source d'impulsion et d'inspiration ; elle se prémédite et se prépare à travers ces « menues-désobéissances » imaginatives patiemment reprises et adroitement rythmées, autrement opérantes – et moins glissantes politiquement — que les dialectiques abstraites ou les appels à la mystique. L'acte empédocléen appelle, de façon complémentaire, à une purification rénovatrice des images sédimentées en habitus figés : la désobéissance ne peut-elle pas elle-même devenir une routine ? Méditer les images de Promethée et d'Empédocle revient alors, dans l'ordre de l'imagination, à « coordonner des libertés[99] », à pratiquer sur le terrain de la rêverie cet « exercice quotidien des libertés de penser détaillées et renaissantes » que *L'engagement rationaliste* appelle

98 G. Bachelard, *Fragments d'une poétique du feu*, *Op. cit.*, p. 126.
99 Id., *La poétique de la rêverie*, *Op. cit.*, p. 136.

de ses vœux[100]. Le feu apparaît bien comme le symbole d'une rénovation de l'imagination comme puissance de (re)commencer et comme élément central d'une poétique de l'initiative, comme le vaillant et fragile emblème des (re)commencements créateurs : il doit être allumé et attisé, selon un rythme alterné que l'image du Phénix, synthèse de celles de Prométhée et d'Empédocle, contracte dans sa fulgurance.

CONCLUSION

Nos initiatives les plus libres ne se soutiennent ni d'un sujet transcendantal qui leur servirait de fondement (Kant), ni d'une durée substantielle dont elles seraient l'expression immédiate (Bergson), ni du pur projet d'une conscience néantisante (Sartre). Elles impliquent une participation lucide et active, méthodiquement réglée, à un imaginaire ressaisi comme le milieu dynamique dont elles émergent, à travers lequel elles se préméditent et se préfigurent. L'imagination poétique devient elle-même rapport lucide et actif à des images qui dynamisent et étayent notre capacité à commencer, ou constituent les supports et les vecteurs de nos initiatives. Certes, rêver n'est pas agir : bien commencer en imagination ne garantit nulle réussite effective, d'un point de vue moral ou pragmatique. Toutefois, en séparant méthodiquement « règne de l'imagination » et « règne de l'action », champ poétique et champ pratique, Bachelard entend précisément établir entre eux de saines et fécondes transactions, à même de promouvoir une véritable imagination poético-pratique. Imagination poético-pratique dont le dynamisme paradoxal court-circuiterait tout risque d'évasion dans un imaginaire éthéré comme tout risque d'enfermement dans un pragmatisme étriqué, et viendrait ébranler les formes trop bien instituées de l'action individuelle et de la praxis collective, pour ouvrir la possibilité de nouveaux commencements.

Gilles HIERONIMUS
Université de Lyon – IRPhiL

100 Id., *L'engagement rationaliste*, *Op. cit.*

LA PRAXIS DES IMAGES

Simondon lecteur de Bachelard

Que l'on ne s'y trompe pas, la forme affirmative du titre exprime la volonté d'un questionnement plutôt que l'assurance d'une thèse. Car poser directement la thèse qu'une « *praxis* des images » est élaborée par Simondon à partir de sa « lecture » de Bachelard est particulièrement problématique, tant elle soulève d'objections préliminaires à toute tentative d'en prouver le bienfondé.

La première et sans doute la plus redoutable de ces objections préliminaires concerne l'idée de « *praxis* des images ». En grec, « *praxis* » désigne le fait d'agir, d'être affairé ainsi que le résultat de l'action. Le sens de *praxis* se comprend plus précisément par opposition à *pathos* (subir), à *hexis* (possession), à *logos* (parole) ; et par distinction avec la *poiesis* (production), la *theoria* (examen) et la *proairesis* (projet), tout en entretenant avec cette série de notions un ensemble de relations complexes formant des doctrines ou des orientations théoriques multiples dans l'histoire de la philosophie. Assurément, Aristote, Kant et Marx sont les philosophes ayant donné à la *praxis* un sens à chaque fois singulier répondant aux enjeux anthropologiques, éthiques et politiques de l'action. Mais aucun d'eux n'a proposé une « *praxis* des images », au sens d'une *praxis* propre aux images, qu'il s'agisse des images internes au sujet ou des images externes au sujet – ainsi que du passage des unes aux autres –, car cela reviendrait à accorder une certaine séparation, une certaine vie, une certaine autonomie aux images : ce qui est proprement incompatible avec la conception traditionnelle du sujet et plus encore avec celle du sujet pratique. Car le sujet de la *praxis* est avant tout un sujet substantiel, identique à soi, un en ses limites, conscient de lui-même, origine des finalités visées par l'action et juge de ses conséquences. Si Marx pourrait faire exception, dans la mesure où il refuse les oppositions entre *theoria* et *praxis*, *poiesis* et *praxis*, pour définir le sujet hors de toute essence, il ne va pas jusqu'à accorder une telle indépendance ni une telle force aux images, ni matériellement ni socialement. Certes, Marx n'est pas avare en images dans son œuvre (notamment sous la forme de métaphores verbales, optiques, sonores, chimiques, etc.), et selon les textes, le rapport complexe de l'image à la représentation et à l'idéologie peut faire varier son statut et sa fonction ; mais, la plupart du temps, Marx maintient l'opposition classique entre vérité et illusion selon un platonisme philosophique où l'image est conçue de manière péjorative sous la forme du « reflet » et du « fétiche », ce qui la tient à une certaine distance de la *praxis* et plus encore d'une *praxis* propre aux images[1].

La seconde objection préliminaire s'attache à l'attribution de la thèse d'une « *praxis* des images » à Simondon, et que cette thèse viendrait directement de sa lecture de Bachelard. Si la notion de « praxis » désigne à la fois l'activité intrinsèque et l'activité extrinsèque des images, il existe effectivement une « *praxis* des images » chez Simondon et elle est élaborée dans sa théorie de l'imagination, d'abord dans *L'individuation à la lumière des notions de forme et d'information*[2] et surtout dans le cours *Imagination et invention*[3]. Mais si l'on entend plus précisément par « *praxis* » ce qui définit des règles de conduite pour une vie bonne et ce qui vise la transformation de la réalité sociale, il est alors difficile de trouver chez Simondon une éthique des images et il est plus difficile encore de trouver une véritable politique des images. Quand bien même s'agirait-il de déterminer plus généralement le rôle de l'imagination dans la philosophie pratique simondonienne, la tâche ne serait pas aisée non plus. Cela tient au fait que l'imagination n'est pas une simple faculté psychique du sujet pour Simondon et que sa philosophie ne se présente pas explicitement comme une pensée éthique et politique[4]. Les

1 Au sujet de ce difficile problème des images chez Marx, voir Sarah Kofman, *Camera oscura. De l'idéologie*, Paris, Galilée, 1973 ; Paul Ricœur, *L'Idéologie et l'utopie*, Paris, Seuil, 1997 ; Isabelle Garo, *Marx. Une critique de la philosophie*, Paris, Seuil, 2000.

2 Gilbert Simondon, *L'individuation à la lumière des notions de forme et d'information*, Grenoble, Millon, 2012.

3 Id., *Imagination et invention (1965-1966)*, Paris, PUF, 2014.

4 Sur l'éthique chez Simondon, voir Gilbert Hottois, « L'éthique chez Simondon », in Gilles Châtelet (dir.), *Gilbert Simondon. Une pensée de l'individuation et de la technique*, Paris, Albin Michel, 1994, p. 69-90 ; Jean-Hugues Barthélémy « Simondon et la question de l'éthique », in J.-H. Barthélémy (dir.), *Cahiers Simondon* n° 1, Paris, L'Harmattan, 2009, p. 135-148 ; Vincent Bontems, « L'éthique de la technique chez Simondon et chez Gonseth », in Eric Emery & Benaroyo Lazare (dir.), *L'Éthique en prise avec la « réalité » et le pragmatisme de Ferdinand Gonseth*, Lausanne, Digilex, 2011, p. 53-66. – Sur la politique chez Simondon, voir la revue *Multitudes*, n° 18 : « Politiques de l'individuation : penser

réflexions qu'il a ainsi pu mener dans ces domaines ne sont certes pas négligeables, mais elles se présentent souvent comme des incises, des applications ou des effets n'ayant pas l'ambition de devenir une théorie explicite et unitaire. Ces réflexions peuvent toutefois s'avérer puissantes voire novatrices si elles sont replacées dans l'ensemble de l'œuvre comme dimensions du sens de l'encyclopédisme génétique[5]. Toute la difficulté résiderait alors dans les modes d'articulation d'une théorie éthique et politique des images d'une part avec une théorie éthique et politique de l'individuation et de la technique de l'autre, puisque l'une comme l'autre sont autant à expliciter qu'à construire.

Mais ce qui est certainement plus problématique en définitive, c'est le rôle de la lecture de Bachelard dans l'élaboration d'une «*praxis* des images» propre à Simondon. Depuis sa redécouverte dans les années 1990, les commentateurs ont indéniablement montré que Simondon avait lu Bachelard, son anti-substantialisme ontologique[6], son épistémologie relationnelle[7], sa pensée de la technique positive et irréductible à la science comme à l'utilité[8], en serait l'héritage direct et manifeste, malgré l'absence de référence explicite dans ses deux ouvrages principaux[9]. Qu'en est-il pour *Imagination et invention*? À l'instar des deux ouvrages précédents, aucune référence explicite à Bachelard n'est faite par

---

avec Simondon», Paris, 2004; Bernard Stiegler, «Chute et élévation. L'apolitique de Simondon», in *Revue philosophique de la France et de l'étranger*, n° 3 spécial Gilbert Simondon, dir. J.-H. Barthélémy, Paris, PUF, 2006; Vincent Bontems, «Esclaves et machines, même combat! L'aliénation selon Marx et Simondon», in J-H. Barthélémy, *Cahiers Simondon*, n° 5, Paris, L'Harmattan, 2013, p. 9-24; Andrea Bardin, *Epistemologica e politica in Gilbert Simondon*, Fuori Registro, 2010; Andrea Bardin «La société, "machine autant que vie". Régulation et invention politique entre Wiener, Canguilhem et Simondon» in Vincent Bontems, *Gilbert Simondon ou l'invention du futur*, Paris, Klincksieck, 2016, p. 33-44.

5 Ludovic Duhem, «Le sens de l'avenir. Exigences et apories du politique chez Simondon», conférence issue du colloque «Simondon politique?» (Université de Poitiers, Mars 2014) et disponible en accès libre sur la plateforme en ligne academia.edu.

6 Vincent Bontems, *Bachelard*, Paris, Belles Lettres, 2010, p. 51-53.

7 Jean-Hugues Barthelemy, *Simondon ou l'encyclopédisme génétique*, Paris, PUF, 2008, p. 9-13. Jean-Hugues Barthélémy, «D'une rencontre fertile de Bergson et Bachelard : l'ontologie génétique de Simondon», in Frédéric Worms & Jean-Jacques Wunenburger (dir.), *Bergson et Bachelard. Continuité et discontinuité*, Paris, PUF, 2008, p. 223-238 et Vincent Bontems, *Bachelard*, *Op. cit.*, p. 106-108.

8 Xavier Guchet, *Pour un humanisme technologique. Culture, technique et société dans la philosophie de Gilbert Simondon*, Paris, PUF, 2010. On y trouve un rapprochement récurrent de la pensée Simondon à celle Bachelard.

9 Dans *L'individuation à la lumière des notions de forme et d'information* (*Op. cit.*, désormais noté ILFI) comme dans *Du mode d'existence des objets techniques* (Paris, Aubier, (1958), 2012),

Simondon dans l'exposé de sa théorie du cycle de l'image. Le seul indice attestant d'une connaissance de la poétique bachelardienne par Simondon et de son usage pour ce cours se trouve dans la bibliographie, où sont présentés des « conseils de lecture » aux étudiants. Ainsi, en dehors du *Nouvel Esprit scientifique* figurant en tête de liste, on peut effectivement y trouver tous les ouvrages de poétique publiés par Bachelard de *La psychanalyse du feu* de 1938 (rejeté en fin de liste et distingué des autres par un « *Particulièrement* ») à *La flamme d'une chandelle* de 1961. Au vu de cette bibliographie[10], comment expliquer une telle absence de toute référence à Bachelard dans le texte de Simondon ?

La première raison possible est que Bachelard était connu des étudiants par un autre cours sur *L'imagination* donné l'année précédente par un autre professeur de psychologie, Juliette Favez-Boutonnier[11], et qui contenait un chapitre sur Bachelard. Simondon n'aurait donc pas jugé nécessaire de reprendre un développement spécifique afin d'éviter de produire un doublon, ce qui expliquerait qu'il n'hésite pas à renvoyer directement à ce cours et à deux reprises[12]. Mais ce même cours comportait aussi des analyses des théories de l'imagination de psychologues et de philosophes que Simondon reprend et qu'il interprète à son tour pour établir sa propre théorie, tels Bergson, Sartre, Husserl, Freud, Jung, Lacan, Ribot, Taine ou Piaget. L'argument ne semble donc pas satisfaisant et l'idée qu'il n'aurait finalement pas lu Bachelard est insoutenable, aussi bien pour son référencement bibliographique que pour la convergence de leurs pensées respectives. La seconde raison, quelque peu conjecturale, serait que Simondon avait si bien intégré la poétique de Bachelard qu'il se l'est appropriée, ne pouvant dès lors envisager une exposition détachée de celle-ci sans devoir démonter sa propre théorie pièce par pièce pour

---

peu de sources sont citées et lorsque des références explicites apparaissent dans le texte ou dans les éléments bibliographiques, le nom de Bachelard n'apparaît pas une seule fois.

10 L'étonnement du lecteur est sans doute encore plus grand si l'on se reporte à l'Index des noms qui comporte presque deux cents entrées sans aucune occurrence du nom de Bachelard.

11 On peut signaler ici que le cours de Juliette Favez-Boutonnier a circulé parmi les étudiants sous la forme d'un tapuscrit. Le chapitre sur Bachelard se trouve aux pages 69 à 83. Favez-Boutonnier termine également son cours sur le problème de l'imagination selon une perspective toute bachelardienne : « C'est un problème constant, un des problèmes dont il faut se dire qu'on cherche toujours à les résoudre, sans peut-être y arriver jamais complètement, le problème de respecter, pour que la personne humaine se développe, ses capacités d'imagination en même temps que ses capacités de rationaliser. » (p. 119)

12 G. Simondon, *Imagination et invention*, *Op. cit.*, p. 127 et p. 130.

en manifester les réelles différences. Dans son héritage philosophique, Simondon agirait ainsi avec Bachelard comme il l'avait fait avec Merleau-Ponty, en ce sens qu'il ne cherche nulle part à s'en différencier, alors qu'il ne cesse d'exposer les intérêts et les limites de la pensée de Bergson dont il est aussi un grand héritier. Si un tel argument est recevable, l'enjeu serait donc de parvenir à montrer quelles sont la nature, l'extension et surtout les conséquences de cet héritage bachelardien non revendiqué.

À la suite de ces objections préliminaires, il convient de présenter l'étude qui va suivre comme un ensemble de questionnements autour de ce qui n'est pas une thèse mais plutôt une hypothèse ou une proposition à mettre en discussion, à savoir que Simondon proposerait non seulement une théorie de l'imagination pouvant prendre le sens d'une « *praxis* des images », mais dont une source importante, restée implicite, serait la poétique bachelardienne. C'est en quelque sorte une lecture de la lecture de Bachelard par Simondon qui est proposée ici, elle s'attachera prudemment à en relever les traces si ce n'est les emprunts réels, à travers les différents sens possibles de la *praxis*. Or, ce pluralisme sémantique propre à la *praxis* (actif, éthique et politique) est en même temps un pluralisme pratique, dans la mesure où les sens de la *praxis* sont autant de champs problématiques où plusieurs modalités pratiques peuvent coexister sans qu'il s'agisse pour autant de postuler leur compatibilité ni leur cohérence *a priori*, surtout pour deux philosophes dont les préoccupations éthiques et politiques sont récurrentes et parfois explicites, mais ne font jamais réellement système et évoluent au cours de l'œuvre. Chaque sens de la *praxis* des images, à savoir l'activité de l'image pour elle-même (I) et sa relation à l'invention (II), l'image pratique au sens éthique (III) et l'image pratique au sens politique (IV), sera examiné moins selon un principe comparatif strict qu'à la manière d'une lecture possible en vue de la construction d'une *praxis des images pour notre temps*.

ACTIVITÉ DE L'IMAGE

Dans son premier sens, une « *praxis* des images » suppose l'affirmation principielle que l'image est non seulement positive mais *active*. Elle n'est pas uniquement le résultat d'une activité, celle de la perception, mais activité en elle-même.

La poétique bachelardienne présente l'imagination non pas comme une simple faculté psychique parmi d'autres, mais comme « la force même de la production psychique[13] ». L'imagination n'est pas l'instance qui présente et qui reproduit le donné empirique issu de la perception mais ce qui produit psychiquement la vie du sujet en dépassant la réalité vécue :

> L'imagination est la faculté de former des images qui dépassent la réalité, qui chantent la réalité[14].

Autrement dit, l'imagination est « foncièrement créatrice » pour Bachelard, elle ne peut être le résultat d'une simple combinaison de « fragments du réel perçu » ou des « souvenirs du réel vécu », comme le pensent le « philosophe réaliste » et le « commun des psychologues[15]. » En ce sens, l'imagination non seulement se distingue de la perception mais s'y oppose dans une certaine mesure, du moins « l'imagination créatrice a de toutes autres fonctions que celles de l'imagination reproductrice[16] » au point de la faire apparaître comme ayant une autre nature. La fonction principale de l'imagination est d'avoir une « action imaginante », c'est-à-dire non pas seulement de former des images mais de les « déformer », de les « changer », de produire une « explosion d'images ». À la fonction de réel doit ainsi correspondre pour l'équilibrer une « fonction d'irréel ». Selon *L'air et les songes*, cette fonction d'irréel n'est pas le symétrique absolu de la fonction de réel, puisqu'il y a « immanence de l'imaginaire au réel » selon un « trajet continu du réel à l'imaginaire » qui fait que la fonction d'irréel recrute ou incorpore un aspect du réel sous la forme des quatre éléments (feu, eau, air, terre). Dans *La terre et les rêveries de la volonté*, Bachelard affirme que cette fonction d'irréel est en jeu dès la perception :

> Quand le réel est là, dans toute sa force, dans toute sa matière terrestre, on peut croire facilement que la fonction de réel écarte la fonction d'irréel. On oublie alors les pulsions inconscientes, les forces oniriques qui s'épanchent sans cesse dans la vie consciente[17].

---

13 G. Bachelard, *La psychanalyse du feu*, Paris, Gallimard, (1949), 2008, p. 187.

14 Id., *L'eau et les rêves. Essai sur l'imagination de la matière*, Paris, Corti, (1942), 1997, p. 23.

15 Id., *La Terre et les rêveries de la volonté, Op. cit.*, p. 9.

16 *Ibid.*

17 *Ibid.*, p. 9-10.

À la suite de Jung, Bachelard pense ainsi qu'il existe non seulement une force propre aux images transformées par l'imagination, mais cette force exprime en réalité une véritable « primitivité » des images sur la perception ; cette primitivité n'étant pas une simple esquisse que la perception enrichirait et que la raison déterminerait, c'est une prospection qui anticipe le perçu, les images informant toujours déjà la perception.

Pour comprendre comment les images agissent, la psychologie scientifique ne sera donc pas d'une aide précieuse pour Bachelard, il étudiera plutôt la rêverie, là où l'imagination est *imaginante* plutôt qu'imageante, c'est-à-dire là où les images sont à leur état inchoatif, dans toute l'intensité de leur force, poussées à la fois par les pulsions inconscientes de l'*Animus* et de l'*Anima*, et par les « hormones de l'imagination » que sont les substances matérielles (feu, terre, air et eau). Or, cette vie propre des images n'est pas dépourvue de lois, – il existe une véritable physique onirique pour Bachelard, et ces lois sont aussi contraignantes que les lois physiques et elle peuvent être formalisées. Au cours de ses études empiriques, Bachelard a ainsi dégagé des invariants dynamogéniques, lesquels mettent à la fois en évidence des « complexes » d'images du rêveur, l'importance décisive des quatre éléments pour la signification de la rêverie (au point de leur donner un ancrage physiologique), et l'ambivalence systématique qui s'exprime dans la combinaison de ces éléments. Cette recherche de formalisation n'aura pas pour conséquence de réduire le dynamisme des images, de les priver de toute vie et de toute résonnance poétique, elle visera au contraire à mieux les comprendre hors des habitudes de la pensée scientifique et philosophique.

Dès l'introduction d'*Imagination et invention*, Simondon critique la pensée dominante de l'imagination et formule une hypothèse sur la primitivité de l'image qui rappelle directement les positions et les thèses bachelardiennes :

> Le mot d'« imagination » renvoie à la « psychologie des facultés » ; cependant, il est précieux, car il suppose que les images mentales procèdent d'un certain pouvoir, expriment une activité qui les forme, et suppose peut-être une fonction qui les emploie. Par contre, le terme « imagination » peut induire en erreur, car il rattache les images au sujet qui les produit, et tend à exclure l'hypothèse d'une extériorité primitive des images par rapport au sujet[18].

18 G. Simondon, *Imagination et invention (1965-1966)*, *op. cit.*, p. 7.

Simondon adresse cette critique à la psychologie des facultés parce qu'elle crée ce qu'il appelle un « barrage conceptuel », notamment en définissant les facultés d'après les « tâches dominantes » que sont « anticiper », « percevoir » et « se rappeler », ce qui oblige de limiter l'image à une activité locale endogène. Quant à la proposition d'une « extériorité primitive » de l'image, Simondon ne l'attribue pas à Bachelard, sans doute parce qu'elle fait un pas de plus dans la vie des images en les rendant plus indépendantes encore du sujet que chez Bachelard et en l'enracinant surtout dans la relation de l'organisme au milieu – donc dans l'ensemble du vivant – plutôt que dans les seules racines inconscientes. Ainsi, loin d'être confinée dans les limites de la conscience, l'image « résiste au libre arbitre, refuse de se laisser diriger par la volonté du sujet, et se présente d'elle-même selon ses formes propres[19] ». Pour Simondon, l'image se comporte donc à la manière d'un « quasi-organisme » doté d'une vie propre, c'est-à-dire comme un parasite « habitant le sujet et se développant en lui avec une relative indépendance par rapport à l'activité unifiée et consciente[20] ». Dans un geste plutôt bachelardien, Simondon va d'ailleurs relever que cette extériorité primitive des images et leur pouvoir sur le sujet avaient « frappé les anciens », par exemple à travers le songe de Nausicaa raconté par Homère au Livre VI de l'*Odyssée*, lorsque la déesse « Athéna apparaît à la jeune princesse pour l'inciter à aller laver les vêtements sur le rivage où Ulysse aborde en naufragé ». Il faut alors comprendre que :

> Le songe, avec les figures de rêve qui l'animent, n'est pas seulement ce que nous nommerions un événement subjectif ; il manifeste un pouvoir, une intention, une réalité qui n'a pas sa source dans le sujet mais qui, au contraire, vient à lui et le cherche. L'image qui envahit le sujet est une apparition ; elle peut être plus forte que lui et changer sa destinée par un avertissement ou une interdiction. Elle n'est pas non plus que réel vulgaire et quotidien, mais a une charge de présage ; elle révèle, manifeste, déclare, au-dessus de l'ordre des réalités quotidiennes ; elle est du « numineux », à mi-chemin entre l'objectif et le subjectif[21].

Simondon convoquera également les rituels d'évocation des morts où les disparus sont représentés par des images considérées comme vivantes, ou encore et plus étonnamment la théorie des simulacres de Lucrèce qui

19 *Ibid.*, p. 3.
20 *Ibid.*, p. 3.
21 *Ibid.*, p. 7-8.

tout en dénonçant l'erreur d'attribuer aux rêves un vie réelle ne conteste pas l'extériorité ni le pouvoir des images.

L'image « n'est donc pas une réalité sans forces, sans efficacité ni conséquences », mais elle est une réalité *relative*. C'est important de le souligner, Simondon n'accorde pas à l'image une vie totalement indépendante du sujet, si elle est un « quasi-organisme », elle n'est pas un organisme autonome dont l'existence serait purement objective. Dans un esprit à la fois bergsonien et bachelardien, l'image est pensée comme une réalité *intermédiaire* qui se situe entre le sujet et l'objet, entre le concret et l'abstrait, entre le passé et l'avenir. On ne peut donc ni lui assigner un régime ontologique exclusif ni l'attacher à une catégorie épistémologique définitivement stable. Elle est en fait un *mixte*, une « tierce réalité » qui participe et du sujet et de l'objet, et de l'abstrait et du concret, et du passé et de l'avenir, sans que cette double participation ne réalise une synthèse totale et définitive. C'est justement ce caractère *paradoxal* qui confère à l'image son pouvoir de traverser les limites ontologiques et d'influencer la conduite des individus et des groupes. À cet égard, l'affirmation de l'indépendance relative de l'image, sa vie paradoxale, est en fait une critique fondamentale adressée à Sartre et à sa conception de la « conscience imageante », laquelle est doublement réductrice : contrairement à ce que pense Sartre, la conscience imageante est une situation exceptionnelle dans la vie psychique et non pas sa condition unique et constante ; et loin d'être « illusoire », l'extériorité est la condition ontologiquement positive des images. Sartre serait en cela, si l'on peut dire, l'ennemi commun de Bachelard et de Simondon ou de Simondon à travers Bachelard.

Mais la différence majeure avec Bachelard tient sans doute à la théorie du cycle de l'image en elle-même, en ce sens qu'elle propose une formalisation du dynamisme de l'imagination qui n'est pas sans résonance avec la conception bachelardienne mais qui s'affirme comme un véritable geste d'invention de la part de Simondon. Fondée sur un paradigme physique et sur une analogie biologique, la théorie simondonienne de l'imagination cherche en effet une généralité plus large et une systématicité plus rigoureuse que la poétique bachelardienne de la rêverie, même si cette dernière concerne la vie psychique nocturne de tout sujet ou du moins telle qu'elle devrait l'être à l'exemple des poètes. Le paradigme physique définit le cycle de l'image comme un système de phases où chaque aspect de l'image n'est pas un moment temporel qui s'abolit dans le suivant mais le résultat d'un déphasage. Par un processus de différenciation et de réorganisation, le système complet des phases se modifie en transformant le rapport d'équilibre interne des tensions qui le traversent. C'est le système actuel de toutes les phases qui est la réalité complète de l'imagination, qui la définit comme un processus de genèse des images. Cette genèse s'opère de phase en phase, chaque phase servant de support structurel et de condition de développement à la suivante, leur enchaînement n'obéissant à aucune nécessité téléologique. C'est pourquoi Simondon refuse non seulement d'opposer perception et imagination, puisque la perception est une phase de l'imagination (expérience de l'objet), mais il refuse également d'opposer imagination et invention, l'invention étant préparée et parfois suscitée par les phases antérieures de l'imagination qui matérialisent alors l'image en dehors du sujet sous forme d'objet, de technique, de doctrine ou d'institution.

Quant à l'analogie biologique, elle n'est pas une simple image, une comparaison utile à la présentation de la théorie, c'est un parallélisme opératoire effectué par Simondon entre le processus de croissance de l'organisme et le processus d'imagination :

> Ne peut-on supposer, dans ces conditions, que les images mentales sont comme des sous-ensembles structuraux et fonctionnels de cette activité organisée qu'est l'activité psychique ? Ces sous-ensembles pourraient ainsi posséder un dynamisme génétique analogue à celui d'un organe ou d'un système d'organes en voie de croissance[22].

Simondon propose alors un enchaînement non dialectique[23] de trois phases distinctes (anticipation, expérience, systématisation) mises en rapport avec trois niveaux d'organisation de l'image (biologique, psychique, symbolique). La première phase est :

---

22 *Ibid.*, p. 18.

23 Comme l'explique Simondon : « l'aspect dialectique des rapports de l'organisme et du milieu n'est qu'un aspect partiel du processus de genèse » dans la mesure où « la phase *thétique*, antérieure à l'expérience, traduit la spontanéité de l'organisme et la préexistence d'une activité d'anticipation se déployant avant l'expérience » ; quant à la « phase *antithétique* », elle correspond à l'expérience qui est « la relation la plus serrée entre l'organisme et le milieu » (*Ibid.*, p. 21). Simondon souligne. C'est la dialectique hégélienne qui est critiquée ici et non pas la dialectique bachelardienne dont Simondon se saisira à plusieurs reprises dans d'autres textes.

> Celle de la croissance pure et spontanée, antérieure à l'expérience de l'objet à laquelle l'activité fonctionnelle se préadapte ; ce serait, dans l'image, l'équivalent des étapes embryonnaires de la croissance organique ; chaque image, embryon d'activité motrice et perceptive, se développe ici pour elle-même, comme une anticipation non contrôlée par la référence externe à l'expérience du milieu, et à l'état libre, c'est-à-dire sans corrélation étroite avec les autres sous-ensembles de l'organisation psychique. Elle montre les pré-adaptations mais non des adaptations[24].

L'image dans cette première phase est essentiellement pré-perceptive (*image a priori*) et relève avant tout de l'anticipation (ce qui correspondrait au caractère prospectif chez Bachelard) sous la forme motrice au niveau primaire ou biologique de la relation de l'organisme au milieu, puis sous la forme de la crainte et de l'attente au niveau secondaire ou psychique, et enfin sous la forme des conduites, des motivations et des expressions, voire des doctrines philosophiques et éthiques au niveau symbolique. Anticiper, c'est donc produire une image embryonnaire qui se conserve de la motricité spontanée de l'organisme jusqu'à la réflexion la plus abstraite de l'esprit.

La deuxième phase est celle où :

> L'image devient un mode d'accueil des informations venant du milieu et une source de schèmes de réponse à ses stimulations ; dans l'expérience perceptivo-motrice, les images deviennent effectivement et directement fonctionnelles ; elles s'organisent et se stabilisent en groupements intérieurement corrélés selon les dimensions du rapport entre l'organisme et le milieu[25].

L'image est intra-perceptive dans cette phase (*image a praesenti*), elle est indissociable de l'expérience bien qu'elle soit une anticipation à court terme de l'objet rencontré à travers la relation au milieu. Une certaine synthèse des images a priori a lieu qui permet une prise d'information dans le milieu lors des situations intenses de vie (recherche de nourriture, lutte avec un rival, danger immédiat) au niveau primaire. Au niveau secondaire, la prise d'information nécessite de devenir identification et différenciation, l'information de l'image intra-perceptive est alors comparée au modèle de l'image infra-perceptive en vue d'une action déterminée qui nécessite la constance de l'objet pour obtenir précision

24 *Ibid.*, p. 14.
25 *Ibid.*, p. 19.

et efficacité. Au niveau supérieur, l'image intra-perceptive change de fonction et intervient comme une amplification, un complément, une perturbation, de la perception de l'objet, et plus précisément des formes géométriques (ce qui peut rappeler la fonction imaginante et la déformation qu'elle opère sur les images chez Bachelard).

La troisième phase :

> Après cette étape d'interaction avec le milieu correspondant à un apprentissage, le retentissement affectivo-émotif achève l'organisation des images selon un mode systématique de liaisons, d'évocations et de communications ; il se fait un véritable monde mental où se trouvent des régions, des domaines, des points-clés qualitatifs par lesquels le sujet possède un analogue du milieu extérieur, ayant lui aussi ses contraintes, sa topologie, ses modes d'accès complexes[26].

L'image est supra-perceptive dans cette dernière phase (*image a posteriori*), ce n'est plus le contenu moteur ni le contenu cognitif qui prévaut mais le contenu affectivo-émotif qui prend la forme d'une systématisation des images antérieures. La formalisation se manifeste au niveau primaire par les conditionnements élémentaires, comme les imprégnations comportementales (*Prägung*) chez les animaux ou dans le rôle décisif joué par les images précoces dans le développement de la personnalité humaine. Au niveau intermédiaire, les images immédiates, secondaires et éidétiques décrites par la psychologie expérimentale préparent et orientent la relation symbolique au monde. Les images éidétiques sont d'ailleurs d'une importance particulière parce que leur « force sauvage », en s'intégrant au symbolisme intellectuel, permettent la création artistique et la formalisation abstraite. L'image se matérialise et devient un véritable *symbole* au niveau supérieur, et c'est là qu'elle affirme aussi son extériorité, qui n'est donc plus primitive mais consécutive à la perception. En se formalisant, l'image se détache en effet du sujet comme du milieu, pour devenir le fond universel de la culture et se matérialiser en objets-symboles porteurs de significations plus riches que leurs propriétés perceptives.

Le cycle de l'image n'est pas pour autant achevé dans la culture. En ramassant sa théorie, Simondon précise que le cycle de l'image est bien un cycle à travers lequel les images supra-perceptives de la troisième phase produisent en se systématisant les conditions d'apparition des images infra-perceptives de la première phase :

---

26 *Ibid.*

> Autrement dit, les images subiraient des mutations successives qui modifieraient leurs relations mutuelles en les faisant passer d'un statut de primitive indépendance mutuelle à une phase d'interdépendance au moment de la rencontre de l'objet, puis à un état final de liaison systématique et nécessissante où les énergies primitivement cinétiques sont devenues des tensions d'un système. L'invention pourrait alors être considérée comme un *changement d'organisation* du système des images adultes ramenant, par un changement de niveau, l'activité mentale à un nouvel état d'images libres permettant de recommencer une genèse[27].

Qu'en est-il dès lors de l'invention dans son rapport à l'imagination ?

IMAGINATION ET INVENTION

Dans son deuxième sens, une « *praxis* des images » ne peut se limiter à l'affirmation que l'imagination est une activité positive et qu'il existe une activité propre aux images. D'une certaine manière, l'activité de l'image est aussi une condition de l'action, elle rend possible la sortie des limites du sujet, c'est-à-dire sa matérialisation comme nouveauté irréductible.

Si l'imagination est dynamique pour Bachelard, elle est aussi foncièrement créatrice. On pourrait croire qu'elle ne fait qu'agir sur un matériau donné, puisqu'elle consiste à « déformer les images fournies par la perception et que l'action imaginante opère avant tout une association entre des images présentes et des images absentes qu'elle ne produit pas. Au contraire, l'imagination n'est véritablement action imaginante que si elle est essentiellement ouverte, c'est-à-dire qu'elle est l'expérience même de la nouveauté[28]. » Mais cette nouveauté pourrait rester une réalité – ou plutôt une surréalité – uniquement mentale et ne susciter aucune matérialisation, aucun passage à l'acte fonctionnel et symbolique. Il en va pourtant tout autrement puisque la « vie des images » est en quelque sorte ce qui pousse à vivre plus intensément, à franchir les limites de la vie ordinaire, puisque cette vie des images surcharge la perception

27 *Ibid.*, p. 19. Simondon souligne.
28 G. Bachelard, *L'air et les songes*, *Op. cit.*, p. 7.

d'attente et de valorisation, et permet surtout d'« éprouver la volonté de conduire » selon une « induction matérielle et dynamique » capable de « soulever notre être intime[29] ». L'induction dont il s'agit est alors bien autre chose que le raisonnement empiriste ; il s'agit de l'inférence d'une force à partir d'une image, les effets induits pour le sujet étant ce qui prépare, si ce n'est appelle, une création par un « surénergétisme », celui que Bachelard voyait particulièrement dans le surréalisme[30]. La vie des images est, en d'autres termes, ce qui déborde la vie du sujet, ce qui lui donne une énergie supérieure qu'on ne saurait contenir dans les strictes limites du psychisme dès lors qu'elle est une image profonde. L'imagination ne s'oppose donc pas à la volonté et elle ne lui donne pas un matériau disponible. Elle est au contraire l'expression fondamentale d'un vouloir-vivre et plus encore d'une volonté de puissance. Cette volonté de puissance toute nietzschéenne n'est pas une volonté de dominer l'image, mais une volonté créatrice qui refuse de s'adapter au réel, qui pousse le sujet par des forces profondes à déformer et à transformer le réel jusqu'à devenir « l'être de son image[31] » selon une sublimation absolue.

Mais comment s'opère concrètement le passage à l'acte de la matérialisation ? Il s'opère en abandonnant la prudence excessive et les enseignements transmis par la société qui inhibent le franchissement des limites du sujet et des limites de la matière. Il s'agit de satisfaire la tendance spontanée de tout être humain à la recherche d'un « plus-être » et de désobéir aux objections instituées, c'est-à-dire à vivre pleinement ce que Bachelard appelle le « complexe de Prométhée[32] ». Plus précisément, le complexe de Prométhée prend tout son sens dans une

---

29 *Ibid.*, p. 15.

30 Ainsi, Bachelard souligne dans *La terre et les rêveries de la volonté* : « Un véritable surréalisme qui accepte l'image dans toutes ses fonctions, aussi bien dans son essor profond que dans son allure primesautière, se double nécessairement d'un *surénergétisme*. Le surréalisme – ou l'imagination en acte — va à l'image neuve en vertu d'une poussée de rénovation. Mais dans une récurrence vers les primitivités du langage, le surréalisme donne à toute image neuve une énergie psychique insigne. » (*Op. cit.*, p. 71. Bachelard souligne)

31 Id., *La poétique de l'espace*, Paris, PUF, (1957), 1998, p. 160.

32 Bachelard le présente ainsi dans *La psychanalyse du feu* : « Il y a en l'homme une véritable volonté d'intellectualité. On sous-estime le besoin de comprendre quand on le met, comme l'ont fait le pragmatisme et le bergsonisme, sous la dépendance absolue du principe d'utilité. Nous proposons donc de ranger sous le nom de complexe de Prométhée toutes les tendances qui nous poussent à savoir autant que nos pères, plus que nos pères, autant que nos maîtres, plus que nos maîtres. » Gaston Bachelard, *La psychanalyse du feu*, *Op. cit.*, p. 30. Bachelard souligne.

transgression constructrice qui s'opère par le couplage dynamique de la volonté créatrice et de la résistance de la matière. Dans un tel élan transgressif, ni l'imagination ni la matière n'ont proprement l'initiative, mais la résistance matérielle du monde sert d'« accélérateur » au psychisme et « pose le sujet dans un ordre nouveau, dans l'émergence de son existence *dynamisée*[33] ». Par ce « dualisme énergétique » qui dépasse le dualisme classique du sujet et de l'objet, des moyens et des fins, des forces se couplent et s'entretiennent mutuellement pour aboutir à ce que Bachelard appelle une « souplesse de la plénitude », véritable jouissance matérielle et technique d'extériorisation transformatrice. Cette jouissance qui s'éprouve par exemple dans le couplage de la main et de la matière ne produit pas seulement un objet mais aussi le sujet puisque la conscience d'être un sujet pensant passe par la conscience d'une activité : « Je pétris donc je suis », dit ainsi Bachelard.

Cette activité n'est pas le rapport d'un sujet donné à un objet donné, mais d'un sujet en devenir à un objet en devenir, s'affirmant réciproquement dans leur couplage énergétique et rythmique, tantôt l'un contre l'autre, tantôt l'un avec l'autre. Au cours de l'opération matérielle, la résistance adverse devient ainsi potentielle trouvaille puis structure d'appui et finalement œuvre durable ; au cours d'un tel processus, la volonté se renforce, s'intensifie à mesure qu'elle surmonte l'impuissance, devient promesse de joie et finalement plénitude de la réalisation de soi.

Cela étant dit, il s'agit là plutôt de l'invention au sens de la création littéraire et artistique plutôt que de l'invention au sens de la technique et de la science. Si l'esprit est unifié chez Bachelard par une conception dynamique de la raison comme de l'imagination, ce sont toutefois des forces opposées. La raison du scientifique cherche le progrès de la connaissance en résistant à la tendance imaginante du langage pour élaborer rigoureusement des concepts ; alors que l'imagination du poète doit éviter toute adhésion à la structure logique du langage pour produire des images sous la forme de métaphores inédites. La raison scientifique et l'imagination poétique ont cependant en commun de dynamiser l'esprit, de s'affranchir des évidences et des habitudes du sens commun. Mais quel est le rôle spécifique de l'imagination dans l'invention technique[34]

33 Id., *La terre et les rêveries de la volonté*, *op. cit.*, p. 30. Bachelard souligne.

34 Sauf erreur, l'invention technique n'est pas traitée comme telle par Bachelard, la technique étant généralement pensée sous trois formes indissociables de la recherche de la

et la découverte scientifique ? Pour Bachelard, l'impératif de clarté et de séparation de l'opinion, autrement dit d'induction rationnelle, n'exclut pourtant pas l'imagination. En effet, il existe un travail de l'imagination au cœur de la pensée abstraite et rationnelle, sous la forme d'un désir prométhéen de savoir plus, de savoir mieux ; mais ce travail imaginant prend forme dans des « métaphores axiomatiques » qui sont une force d'appel et une direction virtuelle, et non pas des obstacles épistémologiques faisant divaguer la raison. Ainsi :

> De toutes les métaphores, les métaphores de la hauteur, de l'élévation, de la profondeur, de l'abaissement, de la chute sont par excellence des métaphores axiomatiques[35].

C'est pourquoi :

> La pensée scientifique est entraînée (par les mathématiques) vers des "constructions" plus métaphoriques que réelles, vers des espaces de "configuration" dont l'espace sensible n'est après tout qu'un pauvre exemple[36].

Comme l'a suggéré Jean-Jacques Wunenburger :

> La métaphore, loin d'être une forme particulière du poétique, pourrait dès lors servir d'emblème pour légitimer une pensée heuristique qui articule, sans les confondre, les contraires, concept et image[37].

Ce qui oblige à abandonner « l'évaluation disjonctive » du tout ou rien (soit c'est scientifique, soit c'est métaphorique).

Pour sa part, Simondon a consacré l'ensemble de son ouvrage *Imagination et invention* à interroger leur relation. Si imagination et perception ne s'opposent pas dans la théorie du cycle de l'image, imagination et invention non plus. Pourtant, l'invention n'est pas à proprement parler une *phase* du cycle de l'image. L'invention en son sens le plus général est autant un prolongement qu'une relance de la genèse des images. L'invention est en fait le point de basculement d'un cycle à un autre, elle

---

connaissance selon la démarche scientifique : 1) construction du réel par les instruments d'observation et de mesure (phénoménotechnique) ; 2) dispositif expérimental de validation d'une hypothèse ; 3) application pratique d'une science.

35 Id., *L'air et les songes*, *Op. cit.*, p. 18.

36 Id., *La formation de l'esprit scientifique*, Paris, Vrin, 1938, rééd. 2004, p. 5.

37 Jean-Jacques Wunenburger, *Gaston Bachelard, poétique des images*, Milan, Mimésis, 2014, p. 112.

constitue le suivant en achevant le précédent. Mais cet aspect temporel n'est pas le seul, puisqu'en vérité l'invention est moins un « moment » du cycle qu'une opération concrète et complexe qui relance le cycle de genèse des images. Comme chez Bachelard, l'invention pour Simondon est indissociable de l'imagination, elle est préparée, stimulée, élancée par les forces internes du sujet dans sa relation aux forces et configurations du monde.

Bien qu'elle soit une apparition de nouveauté, l'invention est un processus conditionné : anticipation et adaptation du côté externe, systématisation et symbolisation du côté interne, font accomplir au système être vivant-milieu un changement de niveau, c'est-à-dire un véritable saut quantique qui engendre un nouveau départ du cycle des images. Il s'agit de comprendre que l'invention n'est pas l'avènement absolu d'un objet :

> L'apparition de l'invention dans l'activité humaine n'est pas une nouveauté absolue et brusque ; elle se fait de manière progressive par le recours à des objets qui, simples adjuvants au début, prennent de plus en plus de relief et d'indépendance en se concrétisant, condensant et organisant en système de compatibilité une pluralité de fonctions simultanées et successives[38].

Autrement dit :

> Un objet créé n'est pas une image matérialisée et posée arbitrairement dans le monde comme un objet parmi des objets, pour surcharger la nature d'un supplément d'artifice ; il est, par son origine, et reste, par sa fonction, un système de couplage entre le vivant et son milieu, un point double en lequel le monde subjectif et le monde objectif communiquent[39].

L'objet est à la fois support et matériau de l'action, l'invention ne pouvant advenir sans le réseau des objets existants, qui constituent le *milieu associé* de l'inventeur. Ils servent précisément d'intermédiaire, c'est-à-dire de tierce réalité qui amplifie et potentialise l'action préparée auparavant dans les niveaux inférieurs de l'image. Il n'existe donc pas d'invention sans un milieu d'objets, ces objets étant comme la mémoire, la dimension historique active à partir de laquelle un objet nouveau est possible.

---

38 G. Simondon, *Imagination et invention (1965-1966)*, *op. cit.*, p. 41.

39 *Ibid.*, p. 164.

Or, pour saisir la nature véritable de l'invention, il est nécessaire de s'interroger sur la situation à laquelle correspond la réorganisation du système des images dont parle Simondon. Toute invention est une *résolution de problème*. C'est l'apparition d'une dualité initiale à l'intérieur d'une même action ou entre une action et une situation qui provoque le problème à résoudre à la manière d'un obstacle ou d'une résistance à un but (ce qui peut rapprocher Simondon de Bachelard). L'invention, en tant que processus de résolution de problème, est donc la recherche de *compatibilité* entre deux réalités disparates, que Simondon appelle aussi « ordres de grandeur » d'un système en état de sursaturation. La résolution n'est pas l'abolition du problème, mais une réorganisation de ses composantes. Toutefois, il ne faudrait pas entendre par là une réorganisation matérielle de termes donnés, car la réorganisation dont il s'agit est une restitution de continuité sans laquelle aucune action ne serait plus possible. Le processus complet de l'invention part donc de l'action pour aboutir à l'action, le problème étant le moment critique où l'action, pour se poursuivre, doit trouver une voie nouvelle.

Dans sa forme la plus simple, Simondon appelle cette voie un « détour ». Faire un détour, ce n'est pas éviter d'affronter une situation problématique, c'est au contraire lui trouver une solution originale – « une trouvaille » dirait Bachelard –, qui relance en totalité le devenir du sujet inséré dans la situation. En ce sens, la démarche inventive est tout autre chose pour Simondon que la réalisation d'une image mentale produite par l'imagination selon des conditions données, c'est une *compatibilisation* réalisée au sein d'un système formé par le problème présent, le résultat anticipé et les relations cognitives, affectives et émotives du sujet à la situation. Selon la complexité du système complet, la compatibilisation sera un détour sans médiation (évitement, reconfiguration positionnelle, décalage temporel), un détour instrumental (recrutement d'un objet existant) ou l'invention d'un objet (structure cohérente et fonctionnelle, détachable du corps propre et applicable à la situation).

L'objet est en ce sens la forme la plus complète de compatibilisation, en tant qu'elle est moins une simple médiation (niveau élémentaire de l'invention), ou un symbole (niveau intermédiaire), qu'un support pour une « participation cumulative ». Pour Simondon, le processus d'invention « se formalise le plus parfaitement quand il produit un objet détachable ou une œuvre indépendante du sujet », dans la mesure où il devient ainsi « transmissible », constituant, par sa mise en commun, « le support d'une relation de participation cumulative[40] ». C'est donc moins la teneur objective de l'objet inventé que Simondon met au premier plan que son potentiel de réticulation d'une réalité plus vaste que lui. L'objet inventé est toujours au-delà de lui-même, toujours autre que son objectivité pure ; et que l'on parle d'un objet technique, d'un objet sacré ou d'un objet artistique, la véritable teneur de l'objet inventé, c'est d'être porteur d'une réserve de potentiels, à la fois physiques, psychiques, cognitifs et symboliques. L'objet inventé ne fait donc pas signe, il ne renvoie pas abstraitement à ses conditions matérielles et subjectives dont il serait la formule, car il est un symbole au sens fort, qui donne accès à la complémentarité réciproque opérée par l'invention entre ce qui vient de la situation et ce qui vient du sujet, dont il est l'unité synergétique.

C'est pourquoi la véritable invention est relativement étrangère à la question de l'utilité, qu'elle soit technique, économique ou sociale :

> La continuité du créé, avec sa double dimension d'universalité spatiale et d'éternité temporelle, n'apparaît nettement que si l'on fait abstraction de la destination d'utilité [...][41].

Chaque invention est en effet une formalisation sensible et une organisation opératoire en réponse à un problème dont les conditions sont intrinsèques au système problématique et dont les effets débordent toute finalité programmée. La compatibilisation réalisée par l'invention n'est pas une adéquation matérielle et fonctionnelle à des fins, mais la formalisation amplifiante et réticulaire d'un ensemble d'images ayant sens pour l'homme, elle est un « plus qu'être » au sens de Bachelard.

IMAGINATION ET ÉTHIQUE

Dans son troisième sens, une « *praxis* des images » qui dépasse les limites du sujet et se matérialise suppose un engagement imaginal et produit des effets qui retentissent sur les autres sujets comme sur le

40 *Ibid.*
41 *Ibid.*, p. 165.

monde. Cette matérialisation fait de l'image un symbole au sens fort, c'est-à-dire qu'elle institue une *complémentarité réciproque* entre le sujet et l'objet, entre le sujet et autrui, entre la communauté des sujets et le monde, et pose le problème des normes et des valeurs instaurées à travers les images. Par sa nature proliférante, explosive, sauvage, par son irréductibilité à la conscience, à la perception, à l'invention, par son immanence, ses effets multiples, son ambivalence, l'imagination semble rétive à toute tentative de produire une éthique. Que l'on opte pour une éthique des vertus, pour une éthique des devoirs, pour une déontologie, à chaque fois une praxis des images paraît se situer à la fois en-deçà et au-delà, sans indiquer immédiatement quelque chose de l'ordre de règles pour conduire son action en vue de la vie bonne.

Cette question est d'autant plus redoutable lorsqu'elle est adressée à la poétique bachelardienne qui, la plupart des commentateurs l'ont souligné avec force[42], ne comporte pas de théorie éthique. Il existe toutefois de nombreuses réflexions montrant une « préoccupation éthique » constante dans la poétique comme dans l'épistémologie bachelardiennes, sans qu'elles puissent être systématisées ni pour la face diurne ni pour la face nocturne de son œuvre. Ce défaut de systématisation ou de formalisation explicite n'est pas un obstacle absolu, il est possible, comme l'a montré Julien Lamy[43], de considérer que Bachelard propose une « polyéthique » cohérente avec son « pluralisme philosophique ». Une telle polyéthique correspond non seulement aux deux faces de l'existence humaine, rationnelle et rêveuse, mais aussi à la rythmique des situations de la vie quotidienne. Elle peut également aussi bien s'entendre comme une « éthique de la verticalité », une « éthique du perfectionnisme de soi », une « éthique de la rencontre », une « éthique de la désobéissance », une « éthique de l'ouverture », une « éthique du travail », etc. Il ne peut donc être question de rechercher des principes universels ni d'établir une éthique normative, la normativité étant davantage dans les « images-actes » ou les « actes-images » que dans des règles générales de l'imagination à retrouver à travers les images.

42 Voir J.-J. Wunenburger, *Gaston Bachelard, Science et éthique, une nouvelle éthique ?*, Paris, Hermann, 2013.

43 Julien Lamy, « Bachelard et la tradition des "exercices spirituels" », in J.-J. Wunenburger, *Gaston Bachelard. Science et poétique, une nouvelle éthique ?*, *Op. cit.*, p. 337-350.

Pourtant, sans proposer de doctrine, Bachelard pense toujours l'imagination en relation avec une attitude, qui est une exigence du « bien rêver[44] ». On ne rêve bien que si l'on sait rester « fidèle à l'onirisme », c'est-à-dire si l'on laisse coexister la fonction de l'irréel avec la fonction de réel, en se défaisant de toutes les « préoccupations qui encombraient la vie quotidienne[45] » qui viennent des conventions sociales et des nécessités pratiques ; en ce sens qu'elles barrent l'accès aux profondeurs de l'esprit rêveur et empêchent la stimulation des éléments matériels. Il s'agit alors de se « libérer des images premières[46] », de ne pas céder aux images faciles, convenues, imposées par la société, surtout depuis que cette société est entrée dans le « siècle des images ». Seule la solitude de la rêverie profonde peut réaliser cette exigence en laissant venir à soi ce qui est au plus profond et qui n'est pas autre que soi :

> La solitude est nécessaire pour nous détacher des rythmes occasionnels. En nous mettant en face de nous-mêmes, la solitude nous conduit à parler avec nous-mêmes[47].

Mais ce retour à soi par la confrontation à soi-même n'est pas un isolement. Rompre avec les sollicitations sociales est une nécessité pour sortir des relations instrumentales. Sans cette séparation des fins intermédiaires et des rôles imposés, il est impossible d'être à soi-même et donc de pouvoir rencontrer réellement l'autre en tant qu'autre sujet pensant et rêvant. Cette rencontre s'opère plus précisément au point d'équilibre entre l'élément matériel privilégié par la tonalité d'existence d'un sujet singulier et par les archétypes inconscients communs à l'humanité entière. Autrement dit, la solitude comme exigence poétique au sens de Bachelard est la condition de l'être ensemble, si l'on peut dire de la sympathie des rêveurs qui font un monde humain. C'est également en ce sens qu'il faut comprendre le « complexe de Prométhée », lequel ne vise pas la domination d'autrui par le savoir ni le travail, c'est-à-dire par la maîtrise jalouse, mais l'assomption de soi dans la rêverie cosmique, la conspiration vertueuse de tous dans le progrès de la connaissance. C'est ainsi que le sujet est en « syntonie » avec le monde, selon une

44 G. Bachelard, *La terre et les rêveries de la volonté*, *op. cit.*, p. 9.
45 Id., *La poétique de la rêverie*, Paris, PUF, (1960), 2016, p. 148.
46 Id., *L'air et les songes*, *Op. cit.*, p. 7.
47 Id., *Le droit de rêver*, Paris, PUF, (1970), 2013, p. 244.

« poïéthique[48] » où volonté et imagination lui confèrent liberté et responsabilité.

Du point de vue éthique, Simondon est dans une situation relativement analogue à celle de Bachelard. Ces réflexions sont éparses, développées à l'occasion de propos n'ayant pas de rapport immédiat avec les enjeux éthiques ou relativement implicites. Deux exceptions sont toutefois à mentionner. La première concerne l'« éthique transductive » proposée dans la Conclusion de *L'individuation à la lumière des notions de forme et d'information* comme une troisième voie au-delà de l'opposition entre « éthique substantialiste » qui cherche l'« immuabilité de l'être » à travers des modèles hors de la société et de la vie courante du plus grand nombre, et « éthique pratique » qui cherche une adaptation permanente au devenir des situations et des domaines selon les directions de l'action. La seconde exception est relative à la technique, elle se distribue tout d'abord dans l'exigence de reconnaissance des normes et valeurs propres au monde des objets techniques contre le ressentiment culturel dominant dans *Du mode d'existence des objets techniques*[49] ; ensuite dans la critique de la vénalité, de l'obsolescence, de l'utilitarisme et dans l'exigence d'ouverture de « Psycho-sociologie de la technicité » et de « Mentalité technique » ; enfin dans la recherche d'une « dialectique de la récupération » écologique par l'approfondissement de la rationalité technique dans « Trois perspectives pour une éthique des techniques[50] ».

Quant à l'imagination, Simondon propose un court développement au sujet de l'éthique. Lors de l'étude de la dernière phase du cycle de l'image, la formalisation est soit objective et elle donne l'invention technique, soit subjective et elle donne une invention artistique et une invention normative de type morale, religieuse, juridique ou politique[51]. Le type de normativité s'impose alternativement selon « le problème dominant de l'époque » à travers des « systèmes symboliques de compatibilité » entre les actions et les valeurs. Simondon apporte ensuite une précision concernant le « domaine axiologique » pour lequel « inventer une morale » consiste à « trouver un système des unités fondamentales assez simple, assez près du sujet pour qu'il soit antérieur à tout cas complexe soumis

48 Voir J.-J. Wunenburger, *Gaston Bachelard, poétique des images*, *Op. cit.*, p. 230.
49 G. Simondon, *Du mode d'existence des objets techniques*, *Op. cit.*
50 Tous ces textes se trouvent dans G. Simondon, *Sur la technique*, Paris, PUF, 2014.
51 Id., *Imagination et invention (1965-1966)*, *Op. cit.*, p. 160.

à décision normative [...][52]. » C'est ainsi que la morale stoïcienne va rendre compatible des morales qui ne l'étaient pas en se fondant sur une « image primordiale », celle de la *persona* pouvant convenir au rôle du soldat comme de l'empereur, et contenant par ailleurs une « normativité intrinsèque comme rôle (jouer jusqu'au bout, bien jouer) ». Il en sera de même pour la considération des esclaves à travers la relation parents-enfants plutôt qu'utilitaire ou économique, ou encore de la morale chrétienne où la fraternité est l'image universelle gouvernant toute relation à autrui selon l'attitude de charité. Autrement dit, la formalisation donne ainsi :

> Une valeur axiologique exemplaire à un acte de plus en plus purement inchoatif, ce qui revient à augmenter la sensibilité et en même temps l'universalité de la formalisation, grâce à la structure interne d'amplification[53].

Cela étant dit, tout comme chez Bachelard, c'est une lecture du *potentiel éthique* de l'ensemble de la théorie du cycle de l'image qu'il faudrait mener. Ainsi, l'analyse des anticipations, des phobies et exagérations, la victimologie, les conditionnements élémentaires, etc., n'est pas seulement une analyse scientifique des éléments qui relèveraient de la psychologie, et serait donc en cela loin des enjeux de l'exercice spirituel, de la recherche de la vie bonne, des règles de conduite nécessaire au vivre ensemble. Pourtant, leur inscription dans une théorie du cycle de l'image implique en vérité une responsabilité décisive puisque, pour Simondon :

> C'est une tâche philosophique, psychologique, sociale [il faudrait ajouter ici « éthique »], de sauver les phénomènes en les réinstallant dans le devenir, en les remettant en invention, par l'approfondissement de l'image qu'ils recèlent[54].

IMAGINATION ET POLITIQUE

À l'issue de cette lecture, le questionnement le plus vif est celui du quatrième sens de la « *praxis* des images », à savoir le sens *politique*. Plus encore que l'éthique, les enjeux du vivre-ensemble pour le bien

52 G. Simondon, *Imagination et invention (1965-1966)*, *op. cit.*, p. 161.
53 Id., *Imagination et invention (1965-1966)*, *op. cit.*, p. 162.
54 *Ibid.*, p. 14.

commun sont problématiques pour les pensées de l'imagination de Bachelard et de Simondon ; elles nécessitent d'être réinterrogées autant sur le potentiel politique qu'elles recèlent, sur la méthode d'analyse critique de l'imaginaire politique qu'elles rendent possible que sur la politique des images qu'elles suscitent. Car à l'époque de la mondialisation iconique dans laquelle nous vivons, c'est-à-dire celle du devenir monde de l'image et du devenir image du monde par les technologies numériques – qui prolonge, intensifie, généralise « pour le bien et pour le mal », ce « siècle de l'image » dont parlait déjà Bachelard en 1948[55] –, le risque majeur est en effet celui d'une insensibilisation généralisée et d'un appauvrissement irréversible de l'imaginaire. Pour affronter un tel risque éthico-politique, une « *praxis* des images » à la fois profonde et subversive, utopique et opératoire, est désormais plus que nécessaire pour sauver la rêverie et donc l'avenir humain. Et pour y parvenir autrement que par la fuite irrationnelle et technophobe dans une nuit infinie ou par l'adhésion inconditionnelle à la profusion continue des images, lire Simondon et Bachelard, lire Simondon lisant Bachelard, s'avère une pratique existentielle décisive, à condition qu'elle soit conduite selon une exigence d'ouverture et d'invention qui ne peut se passer de la raison.

Ludovic DUHEM
École Supérieur d'Art et de Design
(ESAD) – Orléans, Valenciennes

55 Ainsi « nous sommes dans un siècle de l'image. Pour le bien comme pour le mal, nous subissons plus que jamais l'action de l'image. » (G. Bachelard, *La terre et les rêveries de la volonté. Essai sur l'imagination de la matière*, *Op. cit.*, p. 12).

TRAVAIL, MATIÈRE ET IMAGINATION

Pour une analyse bachelardienne de la praxis laborante

> Si l'on veut prendre une vue un peu synthétique du travail humain, c'est en se référant aux matières travaillées qu'on aura le plus de garantie de n'en laisser échapper aucun caractère. [...] Toute analyse matérialiste du travail se double d'une analyse énergétique.
> Gaston BACHELARD[1]

Si les analyses de Bachelard consacrées au travail, dans sa triple dimension d'un rapport à soi, aux autres et au monde sont éparses, c'est à l'actualité et l'originalité de ses analyses, notamment dans sa façon de nouer imagination et *praxis* dans leurs relations avec l'humain au travail que nous voudrions nous intéresser. Une expression ferme de cette hypothèse tient à un propos que le philosophe a consacré au travail dit manuel, plus largement au travail des matières, qui nous servira de guide.

> Dans le travail de la matière il y a, me semble-t-il, une étroite union des deux facultés qu'on aime volontiers, qu'on donne volontiers comme contraires : l'imagination et la volonté. L'imagination matérielle fait vraiment une synthèse de l'image et de la force ; elle n'est plus une simple faculté d'évasion ; elle nous apporte des images et des progrès et des projets qui séduisent vraiment la volonté[2].

Nous voudrions montrer que cette proposition, offrant à l'imagination une place centrale, donne de repenser ce qu'est la créativité au travail,

1 Gaston Bachelard, *La terre et les rêveries de la volonté, Essai sur l'imagination de la matière* [1948], José Corti / Les Massicotés, 2004, p. 46-47.

2 Id., « La poésie de la main », Causerie du 20 décembre 1952, dans *Causeries, 1952.54*, ed Il melangolo, Genova, 2005, p. 74.

non par opportunisme néolibéral soucieux de capter toutes les énergies du travailleur, mais comme un élément essentiel, rétif à toute forme de domination externe. Sachant l'emprise de la machine, le déploiement du processus taylorien accéléré par un économisme violent et aliénant, il s'agit, se concentrant sur les relations entre imagination et travail, de redécouvrir le potentiel humanisant du travail. Ne peut-on, dans cet esprit dégager alors, sinon une philosophie du travail du moins une philosophie de l'homme au travail propre à Bachelard, éclairante pour notre temps ? En s'attachant à la cosmicité du métier, à la valorisation des matières, à la reconnaissance de l'imagination active et en prêtant attention aux rythmes, Gaston Bachelard ne permet-il pas d'éclairer ainsi quelques difficultés éthiques et politiques liées aux formes contemporaines du travail ?

L'ACTUALITÉ D'UNE INTERROGATION : L'IMAGINATION BRIDÉE DU TRAVAILLEUR

Bachelard n'affronte pas la question du travail de façon directe. On trouve certes, sous sa plume, quelques formules célèbres consacrées au travail dans le milieu scientifique. Ainsi, ce chapitre dans *Le rationalisme appliqué*, qui prend le ton d'un manifeste pour une internationale des travailleurs lorsqu'il parle de « l'union des travailleurs de la preuve[3] » ; ou bien, dans une référence à la cité scientifique, cette rare convocation de Marx, pour dire combien, via la culture technique et le poids des ingénieurs, « la nature est mise sous le signe de l'homme actif, de l'homme inscrivant la technique dans la nature[4] ». Mais Bachelard n'appréhende pas frontalement le travail dans sa dimension sociopolitique. Il ne le fait pas plus lorsqu'il s'agit de sa dimension d'objectivation rationnelle de procédés ou de manières utilitaires qui font du travail un *système complet d'utilités*. Et quand il en aborde la dimension subjective et existentielle c'est dans une perspective tout à fait singulière, presque intempestive eu égard aux débats de son temps, et plus encore du nôtre. Ainsi cette

3 Id., *Le rationalisme appliqué* [1949], PUF, 1975, p. 31 ; p. 34.
4 Id., *L'activité rationaliste de la physique contemporaine*, PUF, 1951, introduction, p. 9.

formule majeure : « Le travail met le travailleur au centre d'un univers et non plus au centre de la société[5] » signale-t-elle à la fois un décalage avec les analyses socio-politiques consacrées au travail dans sa dimension collective, et une singularité car il s'agit de penser originairement le travail dans ses relations avec la matière à partir d'un matérialisme poétique. Avec cette inflexion, Bachelard suggère une philosophie du travail qui est essentiellement une philosophie du travailleur. Au travail, l'humain est en travail. Mais cette poétique de la rêverie engagée dans son analyse du travail laisse perplexe, tant le rêveur parait dissoner d'avec le travailleur. Pourtant, c'est au retentissement psychique, au sens large, du travail, qu'il s'intéresse dans la perspective d'une théorie de la créativité générale. Aussi son analyse reconnaîtra-t-elle le rôle de la dimension créatrice de l'imagination. Elle en montrera la portée intensifiante mais surtout la portée énergisante aussi bien pour penser la volonté laborante que le repos. Au couple entendement/volonté que valorise le travail pensé du point de vue de l'ingénieur, et auquel aurait pu le préparer son attention à la phénoménotechnique que connaît bien l'ingénieur de laboratoire, Gaston Bachelard opposera le couple imagination/volonté envisageant le travail du point de vue de l'ergonome, et plus encore du travailleur[6].

Il faut alors prendre la mesure du contraste entre cette valorisation bachelardienne de l'imagination au travail et sa dévalorisation, sinon disparition dans les formes contemporaines. En 1956, Georges Friedmann annonçait l'apparition d'un « travail en miettes ». Nous sommes, cinquante ans après, les contemporains d'une disparition du travail, d'un travail invisibilisé. Les travailleurs sont devenus des opérateurs et les métiers des activités. La productivité ultra-rationnalisée a pris le pas sur la créativité. La socialisation par le travail est extrêmement valorisée, à l'heure du chômage de masse, tandis que les liens de collaboration sont détériorés. Enfin, l'impact du travail sur le milieu écologique, en réduisant la nature à une carrière, engendre des effets contre-intuitifs dévastateurs. Cette invisibilisation du travail s'accompagne en contrepartie d'une visibilité malheureuse. Une attention nouvelle portée à la souffrance au travail, aux risques psychosociaux, aux maladies professionnelles, à

5 Id., *La terre et les rêveries de la volonté, Op. cit.*, p. 31.

6 Sur ce point, voir les analyses d'Yves Schwartz, *Expérience et connaissance du travail*, Paris, Éditions sociales, 2012.

l'épuisement professionnel jusqu'au *burn out*, aux conditions et au droit du travail explicitent, en creux, combien tout travail nous requiert dans la globalité de notre existence, imagination comprise. Le travail que l'*on* commande est un travail qui *nous* demande.

De fait, les analyses consacrées au travail contemporain, après le fordisme, le taylorisme et le toyotisme, sont sans appel. La sécularisation a fait disparaître l'idée de travail-vocation au profit de celle du travail-profession, la convention prenant la place de la profession de foi. La financiarisation de l'économie a fait disparaître la profession ou le métier au profit de l'activité. Le travail disparaît dans son unité intérieure profonde pour se diffracter en un ensemble d'activités que l'on peut recenser. Sous le règne de l'activité, le travail n'est plus un savoir-faire personnalisé, il est un procès transférable (délocalisable) et impersonnel. Il s'ensuit trois traits majeurs : a) une abstraction de la réalité matérielle au profit de la description des activités par quelques indicateurs chiffrés jugés déterminants ; b) la maîtrise du temps, par l'instauration d'un planning et d'une définition des tâches telle que le nombre des actes de travail à effectuer devient cadrée dans un temps déterminé a priori permettant d'inventer un comparable ; c) et enfin par une compétition spéculative – la mise en concurrence planétaire de tous les travailleurs unis, non dans une coopération mondiale mais dans une compétition où la rapidité d'exécution des uns est mise en compétition avec la compétitivité des autres par la grâce de référentiels et de labels uniformes[7]. Le travail est traduit dans un langage mathématique – la « gouvernance par les nombres » dont parle le juriste spécialiste du droit du travail Alain Supiot – et s'y dissout au profit d'un faisceau d'indicateurs et de pratiques d'évaluation ou de *reporting* très abstraites.

Plus particulièrement, la question des relations entre travail et imagination, sur laquelle nous nous concentrons parce qu'elle touche au cœur la dimension d'individuation, d'innovation et de socialisation engagée dans le travail, connaît aujourd'hui une actualité nouvelle, qui nous paraît assez puissante pour devoir solliciter à nouveaux frais une lecture de Bachelard, et engager ses analyses dans l'examen plus général des relations de l'imagination et de la *praxis*. En effet, dans ce qu'elle a d'individuant et d'éminemment intime, l'imagination des

7 Pierre-Yves Gomez, *Le travail invisible, enquête sur une disparition*, éd. F. Bourin, 2013, p. 112.113.

acteurs et leurs initiatives se trouvent attaquées par les formes nouvelles du travail qu'encouragent le néo-libéralisme et avec lui les pratiques du *new management*. Incitant à être entrepreneur de soi, il développe de nouveaux biopouvoirs, la gestion et la gouvernance prenant le pas sur l'invention et l'imagination, bridant les capacités des travailleurs devenant des « automates rationnels ». Sorte de négatif, la souffrance au travail et le travail malheureux ne cessent de redire combien, dans le travail, le travailleur s'engage « corps et âme » ; *a contrario*, combien réglementation, gestion et contrôle nient cette dimension, la concentration sur les tâches à effectuer délaissant les travailleurs qui les effectuent. La souffrance au travail manifeste tout ce que l'organisation scientifique du travail laisse en souffrance ! Aussi on ne sera pas surpris que de nombreuses analyses contemporaines replacent au cœur de la réflexion sur le travail, pour y remédier, les relations entre *praxis* et imagination. Venant d'horizon théoriques différents – de la relecture des analyses de Winnicott consacrées à la créativité et aux pathologies de l'imagination bridée à la théorie critique relatives aux formes tronquées de la reconnaissance au travail ; des analyses de Martha Nussbaum consacrées au rôle de l'imagination et du jeu dans le développement humain qu'elle définit comme des capabilités centrales à l'attention portée à la micro-créativité engagée dans le travail de *care*– toutes ces critiques tendent à penser dans un même mouvement imaginer, inventer et produire. Ce faisant, elles débusquent les formes aliénées ou déstructurées de la créativité engagées dans l'incorporation – le corps à l'ouvrage – qu'active la praxis laborante. L'activité protocolisée fait disparaître « l'art et la manière » propre à un métier. Mais le savoir-faire se réduit-il à la maîtrise d'un référentiel métier ? Ne doit-il pas plutôt s'entendre comme un « savoir y faire » incorporé par un existant, puisque l'humain travaillant est un existant engagé avec d'autres dans sa relation au monde ?

L'engagement de l'existant au travail ne relève pas que d'une simple adaptation aux contraintes du travail prescrit. Le travail vivant suppose, en plus de l'adaptation et de l'improvisation, une créativité (intériorité, inventivité, ingéniosité). C'est cette attention portée à la créativité qui justifie notre convocation des analyses de Bachelard, pourtant peu attendu sur ce terrain. Les analyses de Bachelard nous semblent pourtant précieuses pour plusieurs raisons : a) parce qu'elles se situent en amont des controverses socio-organisationnelles actuelles sur les relations entre travail et imagination et sur les nouvelles pathologies liées à l'organisation du travail, Bachelard, qui a donné à l'imagination une dimension productrice, peut permettre d'éclairer pourquoi la souffrance au travail est devenue une urgence à penser, son analyse étant moins une analyse politique du travail qu'une analyse poétique ; b) parce que son travail de philosophe des sciences l'a amené à penser l'intersection entre science et technique, sans mépris pour la rationalité ni exaltation de l'imagination, ses analyses consacrées au rationalisme appliqué peuvent faire comprendre, sans suspicion d'irrationnalisme, ce qui se perd dans la compréhension du travail lorsqu'on y privilégie la rationalisation aux dépends de l'imagination ; c) parce que Bachelard est un penseur des métiers de « haute cosmicité » (le forgeron, le potier, le pétrisseur, etc.), nullement nostalgique des « métiers d'antan » mais qui contraste avec le métier conçu du point de vue des ingénieurs, il convoque une analyse du métier non tronquée dans ce qu'elle suppose de prise en compte du rapport à soi, aux autres et aux matières qui peut, à sa façon, servir d'étalon de mesure pour évaluer des analyses et des mises en œuvre du travail amputées en leur poétique ; d) parce qu'enfin son attention à l'imagination matérielle replace au centre l'attention aux matières, dans leur dimension poétique, les rendant irréductibles à de simples matériaux manipulables indifféremment, il redonne au travail sa portée d'articulation de l'humain avec la nature, que retrouve aujourd'hui la préoccupation engagée dans la transition écologique. Nous nous approchons alors de la découverte bachelardienne d'une imagination comme capacité à ouvrir des possibles, et comme disponibilité à approfondir la cosmicité des matières qui pourrait justifier une théorie de l'action au risque de l'imagination.

NI L'*HOMO FABER* BERGSONIEN, NI LA CONDITION OUVRIÈRE WEILIENNE : L'ONIRISME DU TRAVAILLEUR

Gaston Bachelard n'est pas connu pour ses analyses consacrées au travail. Il écrit pourtant, dans un début de XXe siècle qui vient de créer L'Internationale communiste ou IIIe Internationale ouvrière (1919-1943), sans que sa conception matérialiste du travail soit celle du matérialisme dialectique. Il est le témoin de l'organisation scientifique du travail qui se met en place, si l'on pense à la publication par Frederick Winslow Taylor en 1911 de ses *Principles of Scientific Management* visant non seulement l'amélioration du rendement mais celle de la productivité par la double division verticale (séparation entre la conception et la réalisation) et horizontale (parcellisation des tâches) du travail ; ainsi qu'au fordisme. Il est difficile de ne pas penser que c'est à cette organisation du travail que Bachelard désigne lorsqu'il parle du travail devenu un système complet d'utilité, ou bien encore lorsqu'il écrit :

> L'ère scientifique où nous vivons nous éloigne des a priori matériels. En fait, la technique crée les matières exactes répondant à des besoins bien définis. Par exemple la merveilleuse industrie des matières plastiques nous offre maintenant des milliers de matières aux caractéristiques bien déterminées, instituant un véritable matérialisme rationnel[8].

Mais, on remarquera ici que Bachelard se concentre sur l'onirisme des matières, la domination de matières exactes engendrant une uniformisation des objets produits[9] plutôt qu'il ne se concentre sur une critique éthique et politique massive de la division du travail ou du sort fait à la condition ouvrière. Cette attention à l'imagination matérielle servira également de point de démarcation entre Bachelard et deux grandes figures françaises dont il est le contemporain, qui élaborèrent une analyse originale du travail : Henri Bergson théorisant l'*homo faber* ; Simone Weil promotrice d'une « civilisation de la spiritualité du travail ». En le situant relativement à ces deux auteurs, à partir de la place et de la part faite à l'imagination, nous pouvons faire apparaître la singularité de son propos. De fait, concernant ces deux auteurs, soit il s'y oppose dans le cas de Bergson ; soit il l'ignore, Simone Weil n'ayant rien publié de son vivant.

C'est dans *La terre et les rêveries de la volonté*, au chapitre II « La volonté incisive et les matières dures », que Bachelard développe une critique sévère de l'*homo faber :*

8 *Op. cit.*, p. 46. L'auteur souligne.

9 « Si l'imagination matérielle est parfois si faible, ne faut-il pas incriminer tous ces meubles ripolinés qui nous frustrent des rêveries en profondeur ? Tant d'objets qui ne sont plus que des surfaces ! Tant de matières dépersonnalisées par d'indigents vernis. » (*Op. cit.*, p. 58).

> Il faut n'avoir jamais tenu une lime en main pour caractériser la psychologie de *l'homo faber* par la seule finalité d'un modèle géométrique[10]…

Bergson avait promu, dans des pages majeures de *L'évolution créatrice* opposant l'intelligence et l'instinct, l'intelligence fabricatrice. Suggérant que les analyses des préhistoriens devraient nous inciter surtout à nous définir moins comme *homo sapiens* que comme *homo faber*, Bergson écrivait ainsi :

> En définitive, l'intelligence, envisagée dans ce qui en paraît être la démarche originelle, est la faculté de fabriquer les objets artificiels, en particulier des outils à faire des outils, et d'en varier indéfiniment la fabrication[11].

Dans l'exploration des formes de vie, l'intelligence humaine déploie ainsi une solution d'adaptation via la médiation instrumentale différente de l'immédiate adaptation de l'instinct. Avant d'évoquer ce qui fait le point de rupture entre Bachelard et Bergson quant à leur conception du travail, notons tout d'abord qu'au début du XXe siècle, ils font partie des philosophes pour lesquels l'homme de la préhistoire doit faire l'objet d'une méditation philosophique, particulièrement concernant la créativité. Nous avons depuis un siècle délégué la réflexion sur l'homme du paléolithique soit aux préhistoriens soit à l'ethnologie comparée, alors que ce qui s'y engage, c'est bien une méditation sur l'humanité de l'homme comme existant, dans son activité de création technique ou artistique[12]. C'est à cette hauteur que tous deux installent leur réflexion sur ce qui, anthropologiquement, s'engage dans l'intelligence au travail, qui peut aussi être une imagination en travail. Ainsi tous deux convoquent-ils les travaux des préhistoriens dans leurs analyses, mais très vite la différence se fait sentir. Là où Bergson va y trouver un des éléments pour penser la ligne continue d'une évolution inventive de combinatoire de formes en vue d'une géniale adaptation au milieu, – l'*homo habilis* sera bientôt l'expression physique de cette figure métaphysique qu'est *l'homo faber* –, Bachelard trouve du discontinu. Dans le travail du préhistorien Leroi-Gourhan, attentif aux techniques comme traduction à chaque fois

10 G. Bachelard, *La terre et les rêveries de la volonté*, *op. cit.* p. 54.

11 Henri Bergson, *L'évolution créatrice* (1907), éd. PUF, coll. « Quadrige », 2007 (édition critique), chap. II, p. 138-140.

12 Sur ce point voir Philippe Grosos, *Signe et forme. Philosophie de l'art et art paléolithique*. Cerf, 2017.

spécifique d'une intelligence des matières – un outil c'est une intelligence des substances dématérialisées (pierre, métal, colle, peau) –, il retient singulièrement des lignes de fractures, des discontinuités, des ruptures.

> Si l'on veut prendre une vue un peu synthétique du travail humain, c'est en se référant aux matières travaillées qu'on aura le plus de garantie de n'en laisser échapper aucun caractère[13].

Pour comprendre le point de divergence entre les deux philosophes, on doit se souvenir de la critique qu'élevait Bachelard relativement à Bergson sur le thème de la continuité[14], même si on doit la nuancer en observant que c'est bien plus le bergsonisme que Bergson lui-même qu'a en ligne de mire Bachelard, redisant également que chez Bergson le concept de durée ne réduit pas à la continuité, fut-elle dynamique. Si Bergson est le philosophe de la durée, Bachelard est celui de l'instant. Il importe de laisser retentir la signification de cette affirmation y compris pour le travail. Là où Bergson trouvera dans l'intelligence fabricatrice une solution de continuité pour poursuivre l'élan créateur de la vie, Bachelard insistera sur l'importance de l'instant qu'engage le travail d'une matière donnée et sur ceux des rythmes, donc des discontinuités, pour penser les relations entre temps et travail.

Ainsi, le rôle dévolu à l'imagination dans ses relations au travail diffère-t-il considérablement. Bergson mettra l'accent sur la combinaison des formes, là où Bachelard se rend attentif à la dynamique des forces. La forme n'est pas la force. Il y aurait ici tout un chantier à développer concernant la psychologie de la création, de la place faite à l'imagination et à la nature des opérations de l'esprit, Bergson convoquant une tradition nourrie de l'empirisme ni nativiste ni associationniste (*cf.* son lien à William James), Bachelard venant d'une relecture de la psychanalyse. Retenons au moins l'idée que Bachelard reproche à Bergson de trop penser l'image comme seconde et secondaire et non pas comme première et originaire.

> Chez Bergson, les métaphores sont surabondantes et, tout compte fait, les images sont très rares. Il semble que l'imagination soit pour lui toute métaphorique.

---

13 G. Bachelard, *La terre et les rêveries de la volonté*, *op. cit.* p. 46.

14 Il s'agit d'établir *métaphysiquement – contre la thèse bergsonienne de la continuité – l'existence [de] lacunes dans la durée* (G. Bachelard, *La dialectique de la durée*, Paris, PUF, « Quadrige », 42006, p. VII).

> La métaphore est relative à un être psychique différent d'elle. L'image, œuvre de l'Imagination absolue, tient au contraire tout son être de l'imagination[15].

Cela a une incidence sur la manière de penser le lien entre travail et imagination. Chez Bergson, c'est l'intelligence qui est fabricatrice parce qu'elle est la solution pratique à un problème théoriquement posé ou calculé. Chez Bachelard, c'est l'imagination qui est créatrice, parce qu'avant le souci utilitaire, elle laisse résonner l'onirisme singulier que provoque la rencontre insubstituable et inaugurale avec une matière, dans un primat du rêvé sur l'utilité. Il suit de là toute une série de critiques selon lesquelles Bergson, en valorisant l'*homo faber*, fait du travail une opération consistant à passer du concept à la conception comme s'il s'agissait là d'une opération linéaire ; comme si, par exemple, le paysagiste ne faisait que « plaquer du géométrique sur du vivant » alors qu'il s'agit d'une relation dynamique, la manière de faire du travailleur étant le résultat d'une rencontre avec une matière. En définissant l'intelligence fabricatrice comme une manière de « faire varier indéfiniment la fabrication », Bergson mobilise une imagination formelle dépendante d'une intelligence, avec ses pensées claires et distinctes, au détriment d'une imagination matérielle. Le programmé y prend le pas sur le processus qu'induit le travail des matières. Ainsi, à propos d'un couteau qui entaille du bois :

> Un bergsonien n'y verrait que découpage formel alors que l'objet, le sur-objet, vient m'inciter et me constituer comme groupe des volontés agressives, dans un véritable hypnotisme de la force[16].

De même, pour Bachelard, « Il » (le forgeron) « est bien loin des pensées de l'ajustage, de l'accolage, de la juxtaposition qu'on aime à attribuer à un homo faber[17]… ». En somme, l'*homo faber* n'est pas l'homme au travail, n'est pas le travailleur. Il demeure une abstraction, dominée par le souci pragmatique ou utilitaire indifférent aux énergies spirituelles ou plutôt oniriques mobilisées dans le travail.

Si nous nous intéressons maintenant aux analyses que la philosophe Simone Weil consacre au travail, et plus particulièrement à la condition

---

15 Id., *La poétique de l'espace* [1957], Paris, PUF, 2017, p. 79.

16 Id., *La terre et les rêveries de la volonté*, *op. cit.*, p. 43.

17 *Ibid.*, p. 161.

ouvrière, ce n'est pas là non plus pour mesurer le vide, ou du moins un silence bachelardien sur les conditions de travail déplorables à l'heure d'une seconde révolution industrielle, dont il était pourtant le témoin. Bachelard n'a pas lu Simone Weil et ses pages consacrées à l'expérience de la vie d'usine et à la condition prolétarienne ; pas plus qu'il ne théorise les luttes sociales à partir de la dialectique de la maîtrise et de la servitude, ni même tout simplement la dimension sociale de celui-ci. Mais si on peut s'étonner que Bachelard n'ait pas développé systématiquement l'idée que tout travail est aussi une collaboration, qu'il mobilise des formes de coopérations, il ne l'ignore pas. L'auteur de la préface au *Je et Tu* de Martin Buber découvre chez les « frères de travail », une « métaphysique du je-tu », l'onirisme du métier, entre mystère et ministère, liant « la sympathie pour la substance des choses à la sympathie pour le cœur des hommes[18] ». De ce point de vue, Bachelard permet de penser ce qui s'engage dans des communautés de métiers, de corporations ou de professions qui dans la main d'œuvre ont en commun la conscience de l'œuvre de la main. Il pense le travail manuel et le tour de main, là où l'organisation moderne du travail lui substituera des opérations élémentaires, dans une aliénation du sens et de la rêverie du geste. Au sens fort, tout travail manuel fait et doit faire raisonner la poétique de la main :

> Dès que l'imagination matérielle est éveillée… un dynamisme nouveau anime le corps et l'esprit, et voici que soudain, la main elle-même, la main qui pétrit et qui taille, la main qui polit et qui écrase, qui s'enchante de sa force et de son travail. Nous entrons dans le règne des images engagées[19].

C'est pourquoi, en dévalorisant le travail manuel, la classe succèdera à la corporation. Mais là où la lutte des classes voudra sortir de l'aliénation du travail en recourant à la pratique du sabotage[20], le projet bachelardien veut libérer de l'aliénation en valorisant et accentuant l'importance du travail bien fait, qui sublime les matières par l'intimité des matières habitées. Bref, Bachelard est subversif mais il ne l'est pas, comme le fera Weil, sur le mode d'une analyse économico-politique directement

18 Id., *La terre et les rêveries de la volonté*, *op. cit.* p. 83.84.

19 Id., « La poésie de la main, Causerie du 20 décembre 1952 » dans *Causeries, 1952.54*, ed. Il melangolo, Genova, 2005, p. 70.

20 On pense ici à la critique du sabotage par Charles Péguy dans *L'argent* [1913], Gallimard, 1932.

dans la ligne des analyses de Marx sur l'aliénation ou de Proudhon sur la coopération[21]. Pour Bachelard, la lutte au travail est essentiellement une lutte engagée dans le travail avec ou contre la matière mobilisant une énergétique matérielle, là où pour Weil la lutte est une lutte sociale, une lutte ouvrière contre le travail aliéné. Si Bachelard compte plutôt sur les forces de l'onirisme que sur celle de la révolution, en dépit de leurs divergences, Weil ne cessera toutefois de penser, elle aussi, que :

> La civilisation la plus pleinement humaine serait celle qui aurait le travail manuel pour centre, celle où le travail manuel constituerait la suprême valeur[22].

Parce qu'au travail, le travailleur y met du sien, se donne à l'homme en tant que travail, la part faite à l'imagination engagée dans l'activité laborante, explicite une autre proximité. À la différence de Bergson, la question que pose Weil ne porte pas sur la place du travail dans l'histoire métaphysique de la vie, même si elle ouvrira sur sa dimension spirituelle, mais part du travail comme une expérience physique, au sens propre du mot. Il s'agit de questionner comment l'humain est engagé tout entier au travail, et comment des formes d'organisations malmènent cet engagement et font dépérir des inventivités fécondes, individuellement et collectivement. Simone Weil formule des analyses qui annoncent, le libéralisme politique en moins, celles que déploient aujourd'hui Martha Nussbaum[23], notamment dans sa lecture de *Temps Difficiles* de Dickens, roman qui dénonce les ravages d'une pensée calculante qui ne voit dans les ouvriers ou les travailleurs que des mains ou des ventres. Dans son analyse, Nussbaum démontre que l'imagination littéraire est un élément de la rationalité publique. On songe alors à Simone Weil qui encourageait le monde ouvrier à fréquenter la grande littérature pour ses vertus émancipatrices, et à Bachelard qui fut un des premiers à montrer que l'imagination n'est pas sans règles, et que nos raisons d'agir ne sont pas toutes des raisons, mais aussi des images. Plus encore, Nussbaum défend l'importance et l'intérêt de l'imagination littéraire qui augmente notre compréhension sensible d'une situation de travail bien mieux qu'une enquête quantitative ou statistique :

---

21 Voir Emmanuel Gabellieri, *Penser le travail avec Simone Weil*, Nouvelle cité, 2017.

22 Simone Weil, *L'expérience ouvrière et l'adieu à la révolution.* [1934], Œuvres complètes II, 2, Gallimard, 1991, p. 89-90.

23 Martha C. Nussbaum *L'art d'être juste*, Ed. Climats, 2015.

> La vision de l'intellect calculateur est plutôt myope et indiscriminée, si elle n'est pas épaulée par une imagination empathique frappante de l'effet que cela fait de mener un certain type de vie.

Ce faisant, elle dénonce les ravages d'un économisme qui reconduit la *praxis* laborante à celle d'un idiot rationnel et encourage une intelligence tronquée, ne voyant dans l'engagement du travail que calcul et intérêt, le travailleur devenant un agent, un *homo oeconomicus.* Ces idées, Weil les résumait dans une formule lapidaire qui fait écho au rationalisme fou du Thomas Gradgrind de Dickens : « Argent, machinisme, algèbre. Les trois monstres de la civilisation actuelle. Analogie complète[24] ». La réduction du travailleur créatif à un producteur obère, sous le poids de l'économisme, la pluralité des finalités engagées au travail et dans le « pourquoi travaille-t-on ». Nussbaum, en interrogeant la latitude dans les choix qu'une entreprise autorise à ses salariés, rappelle que tout travail articule capacités et compétences. Si la compétence est tributaire de la personne, la capacité mobilise l'environnement qui soutient, accompagne ou mutile ces compétences. Il convient donc de mettre en place un contexte où capacités et compétences se renforcent mutuellement. Nussbaum le fera en mettant au jour l'importance au soutien des différentes capacités qu'offre une entreprise ou une organisation notamment concernant l'imagination, et le jeu[25]. Le travail est aussi un milieu. Ce faisant se déplie une intuition que portait Simone Weil vigilante contre tout « attentat contre l'attention des travailleurs[26] », relayant et donnant une actualité à cette incroyable proposition de Bachelard :

> Ah ! Vienne un temps où chaque métier aura son rêveur attitré, son guide onirique, où chaque manufacture aura son bureau de poétique[27] !

Pour Weil, la première aliénation vient du fait d'être prisonnier de la créativité et de l'imagination d'un autre. On pense à ce texte de

24 Simone Weil, *Œuvres complètes* VI, 1, « Cahiers 1933-Septembre 1941 », NRF/Gallimard, 1994, p. 100.

25 Sur ce point, voir Bénédicte Zimmerman, « Compétences, opportunités et droits : le développement professionnel au prisme des capacités », dans *Qu'est-ce que bien vivre ? Penser le développement humain dans les lieux de travail à partir de l'approche de la philosophe Martha C. Nussbaum*, Médiasèvres 2016, n° 188 p. 109-127.

26 S. Weil, *La condition ouvrière*, [1935-1942], Folio/Gallimard, 2002, p. 433.

27 G. Bachelard, *La terre et les rêveries de la volonté, Op. cit.*, p. 93.

Weil commentant l'ouvrage de Jacques Lafitte *Réflexions sur la science des machines* (1932) :

> Ce qu'il y a de dégradant pour l'ouvrier dans la forme moderne du machinisme c'est que les suites, une fois conçues par un intellectuel (un ingénieur), sont cristallisées dans des objets inertes, de sorte qu'à partir de ce moment les hommes n'ont plus qu'à exécuter indéfiniment des séries. C'est évident pour le travail à la chaîne, où le convoyeur sert de support à la suite. [...] Un travail mécanique qui respecterait la dignité humaine retournerait ce rapport. Les séries seraient confiées à la machine, les suites le monopole de l'homme[28].

Cette réduction du travail à une abstraction mathématique formalisée et transcrite dans des procédures bride la rationalité pratique et dévitalise l'engagement au travail pour n'en faire plus qu'une suite de tâches, préalablement définies, mais dévitalisées, anesthésiées. Le travail est un processus, les tâches ne sont que des procédés coordonnés en procédures. La créativité au travail s'en voit tuée ou exténuée. C'est pour cette raison que Simone Weil se fera critique du travail réglé et militera pour la suppression du système des régleurs. Elle sera très proche alors de Bachelard prenant à parti la figure du contremaître[29], et plus tard de son lointain héritier Gilbert Simondon critique de la place qu'ont pris les régleurs dans les entreprises et les usines :

> L'activité de réglage étant celle qui prolonge le plus naturellement la fonction d'invention et de construction [...] l'aliénation fondamentale réside dans la rupture qui se produit entre l'ontogenèse de l'objet technique et l'existence de cet objet[30].

Aliénation lorsque le travailleur ne pense plus, ne rêve plus !

---

28 S. Weil, *La condition ouvrière*, *Op. cit.*, p. 258.

29 On rectifiera « ce qu'il y a de trop formel dans une psychologie des projets. On distinguerait le projet du contremaître et le projet du travail. On comprendrait que *l'homo faber* n'est pas un simple ajusteur, mais qu'il est aussi modeleur, fondeur, forgeron. Il veut, sous la forme exacte, une juste matière, la matière qui peut réellement soutenir la forme. » (G. Bachelard, *La terre et les rêveries du repos* [1948], 2004, p. 8).

30 Gilbert Simondon, *Du mode d'existence des objets techniques*, p. 250.

PRENDRE SOIN DE L'IMAGINATION DU TRAVAILLEUR

De ce qui précède, on retiendra donc qu'on ne saurait confondre l'onirisme du travail avec l'incitation néolibérale à la créativité. En portant notre attention sur l'onirisme du travailleur, il y a en effet un malentendu auquel nous ne voudrions pas céder. Il ne s'agit pas de le confondre avec un éloge équivoque de la créativité au travail. Là où le libéralisme classique, et le taylorisme qui l'accompagna, était une négation assumée de la créativité humaine, le néo-libéralisme fait un appel constant, mais équivoque, à la créativité et à l'initiative du « salarié ». Ce dernier, laissé seul devant la résolution de conflits de normes au travail, est incité à un « travail empêché » comme dira Yves Clot, incité à mal faire, jusqu'à l'épuisement professionnel ou au *burn-out.* Après la préemption de la force de travail physique qui caricature l'effort ; puis la captation de la force conceptuelle (la matière grise) qui réduit l'attention à des opérations cognitives comme la vigilance, on peut vouloir capter, pour la capturer, l'énergie onirique des travailleurs en la réduisant à la production d'un écart différentiant : l'innovation. Mais cette incitation à la créativité et à l'innovation, dans la trépidation qu'impose la productivité, et la pression qu'instille la recherche d'un avantage concurrentiel, est bien loin de ce qu'engage l'idée d'onirisme. L'incitation à la créativité relève bien souvent d'une imagination formelle, là où l'onirisme se nourrit d'une imagination matérielle. L'injonction à la créativité devient un exode hors de soi où l'on finit par se perdre, là où l'imagination matérielle engage l'intensification de la présence à soi et au monde dans une coémergence.

> Chaque travail a son onirisme, chaque matière travaillée apporte ses rêveries intimes. Le respect des forces psychologiques profondes doit nous conduire à préserver de toute atteinte l'onirisme du travail. On ne fait rien de bon à contrecœur c'est-à-dire à contre-rêve. L'onirisme du travail est la condition même de l'intégrité mentale du travailleur[31].

L'onirisme au travail cultive l'énergétisme engagé dans les efforts du corps travaillant ; la pluralité des rythmes d'une rythmanalyse ne saurait

31 G. Bachelard, *La terre et les rêveries de la volonté*, *Op. cit.*, p. 92.93.

se reconnaître dans la réduction du rythme à la mécanique répétitive de la cadence ; et l'intensité de l'image matérielle exige une attention profonde rétive au fait d'être ramenée à un effet ornemental séduisant. Nous voudrions, pour terminer, nous arrêter sur ces trois dimensions qui portent attention et prennent soin de l'onirisme du travail : l'énergétisme, le rythme et l'imagination matérielle

ÉNERGÉTISME

La question de l'énergétisme relève d'une forme de psychologie du travail qui anime les analyses de Bachelard mais dans un sens très particulier. S'il fait une psychologie du travail ce n'est pas au sens de la psychopathologie étudiant les maladies professionnelles, – de l'usure au suicide –, ni même pour penser plus généralement les relations entre santé et travail que prendrait en charge une médecine du travail. Même si ces questions lui importent, elles sont secondes, et il demeurerait sans doute à distance des approches psycho-dynamiques du travail très éclairantes de Christophe Dejours[32], parce qu'elle ramène l'image ou la pensée symbolique dans le registre du symptôme. Sans faire de Bachelard un théoricien du *care*, il y a une philosophie du soin qui se dessine dans son propos. Le cœur ou le point d'attention s'y concentre sur les relations entre imagination, créativité et liberté. Du moins si on fait du soin, non pas une figure mièvre et sirupeuse, mais en pensant le soin comme puissance de la relation. Le soin, avant d'être la spécialisation d'un dispositif thérapeutique, est d'abord soin des relations, dont les images sont le concentré puisque à chaque fois, dans une image s'initie une rencontre entre une énergie et une matière. Le soin est soin de la qualité des relations qui s'engage entre le soi et le monde, et dont le travail est un des lieux de symbolisation et d'expression.

> Ah ! Si nous comprenions que les sources de notre énergie et de notre santé sont dans nos images dynamiques elles-mêmes, dans les images qui sont le tout proche avenir de notre psychisme, nous écouterions le conseil du bon travail[33].

L'énergétique laborante puise en profondeur dans la nappe des grandes images qui engagent une relation avec le monde. L'effort, au sens de

32 Christophe Dejours, *Travail, usure mentale – De la psychopathologie à la psychodynamique du travail*, Paris, Bayard, 1980 (rééd. 2000).

33 G. Bachelard, *La terre et les rêveries de la volonté*, *Op. cit.*, p. 83.

Maine de Biran, en est le point de condensation, tonalisé qu'il est, à chaque fois, par le travail d'une matière singulière. Ni punition, ni torture – Bachelard ne fait pas sienne la vulgate de l'étymologie du travail et du *tripalium* – le travail est une création, voire une genèse. Il s'ensuit que ce ne n'est pas du côté du travail malheureux mais du travail heureux, voire louangé qu'il se situe. Le travail malheureux, – il faut y entendre le malheur et pas seulement la maladie –, peut se penser à partir de pathologies d'une imagination mutilée, bridée ou empêchée. Le travail heureux mobilise un soin de l'intégrité mentale du travailleur, plus en profondeur que celui que traite une thérapeutique, parce qu'il a une portée existentielle (une expérience vécue) et existentiale (épreuve de la présence). Il s'y explicite une qualité de présence dans les interactions de l'homme et de la matière. Il ne s'agit pas de dénigrer ou de minorer les enjeux sanitaires liés aux conditions de travail – des maladies professionnelles aux risques psychosociaux –, mais de pointer que l'onirisme du travailleur tonalise ontologiquement une présence au monde, une énergétique de soi explicitant une allure d'être au monde et assurant d'une assise permettant de se re-poser. Tel sera le forgeron à la « santé de fer » ! Le soin du travail au travail consisterait ainsi à repoétiser le travail et à qualifier les charges oniriques que mobilise le travail des matières trop souvent réduites à des flux. C'est donc d'une psychologie des métiers d'un type très particulier dont il est question, permettant d'établir des liens ici entre Bachelard préfacier du livre de Roland Kuhn promoteur du test de Rorschach travaillant sur l'imagination projective, et Bachelard suggérant un nouveau test ! Dans un passage étonnant de *La terre et les rêveries de la volonté*, Bachelard se livre ainsi à un exercice de psychologie dynamique qui suggère un « test » des relations dynamiques engageant une psyché avec les matières. Il permettrait d'établir une « échelle de maturité psychologique[34] » : l'enfant vit l'âge du sable, l'adolescent les travaux du bois, la virilité manœuvrière le travail de la pierre et du fer :

> Telle sera pour nous la matière : l'intimité de l'énergie du travailleur. Les objets de la terre nous rendent l'écho de notre promesse d'énergie. Le travail de la matière, dès que nous lui rendons son onirisme, éveille en nous un narcissisme de notre courage[35].

34 *Ibid.*, p. 50.51.
35 *Ibid.*, p. 14.

Rendre compte de l'énergie du travailleur ne relève pas d'une approche de psychologie du travail mais d'une psychopoétique.

RYTHMANALYSE

Si l'on se souvient que Bachelard écrit deux poétiques de la Terre, s'ouvre alors là, la possibilité d'installer une pensée du travail dans une vaste dialectique de la volonté et du repos, du travail et de la paresse, la question du rythme y devenant un enjeu majeur. Simone Weil pointait déjà que : « Le temps et le rythme sont le facteur le plus important du problème ouvrier[36] ». Près d'un siècle plus tard, ce problème a empiré en raison d'une accélération du temps social et d'une hyper-synchronisation – le travail en temps réel coordonné à l'échelle planétaire – au sein de laquelle les stratégies qui s'imposent seraient soit de s'y adapter dans la trépidation de la réactivité ; soit s'y aliéner dans l'impossibilité de tenir la cadence au risque de la dépression ; soit la quête d'un écart, dans la recherche éperdue de ce que le sociologue Hartmut Rosa appelle des « oasis de décélération[37] ».

De fait, l'organisation scientifique du travail, en proposant une approche métrique de celui-ci – de la pointeuse au chronométrage de toutes opérations d'un procès –, a réduit le temps à de l'espace. Il s'en est suivi une approche du temps de travail très mathématique et quantitative. Elle a trouvé son achèvement dans la possibilité d'un traitement homogène du temps de travail à partir du modèle spatial du planning, et d'une réduction de l'expérience du temps vécue au travail sous le prisme de la cadence. À propos de la vitesse qu'encourage l'organisation parcellaire du travail, Weil notait que :

> Pour y arriver, il faut répéter mouvement après mouvement, à une cadence qui, étant plus rapide que la pensée, interdit de laisser libre cours non seulement à la réflexion, mais même à la rêverie.

Cette proposition contribue fortement à mettre en relief l'apport des analyses de Bachelard sur l'onirisme du travailleur. Prendre soin des rythmes au travail revient à prendre soin de la créativité des acteurs, individuellement et collectivement. Bachelard s'est ainsi attaché à réinstaller

36 S. Weil, « L'expérience de la vie d'usine » [1941], dans Œuvres, Quarto/Gallimard, 1999, p. 208.

37 *Accélération. Une critique sociale du temps*, La découverte, 2010.

cette dimension vécue du temps à partir de la distinction entre le rythme et la cadence. La cadence relève d'un dualisme de l'entendement qui dissocie le temps objectivable, objet d'une métrique, du temps engageant l'expérience, l'énergie et l'effort du travail et qui fait de ce dernier une épreuve vitale. La cadence encourage une forme d'attention au travail qui est une attention sans pensée – une hypervigilance — parce qu'elle est une formalisation mettant entre parenthèses le fait que s'y engage une expérience. Le rythme, lui, est toujours une expérience de l'instant, vécue de façon positive dans les activités de coopérations qui réussissent à faire advenir la joie d'un rythme commun. Il n'est pas étonnant alors que Bachelard convoque l'idée de rythmanalyse de Pinheiros de Santos qu'il avait présentée dans *La dialectique de la durée*, pour préciser son idée sur le temps au travail. Le lieu d'une responsabilité pourrait être celui de porter une pédagogie du temps au travail, plutôt qu'une gestion du temps de travail. Elle contribuerait à cultiver des périodes alternatives et ainsi permettre d'humaniser le travail en pluralisant les rythmes, depuis le rythme journalier jusqu'au rythme annuel ou celui d'un temps d'une vie traversée par le travail. « C'est dans l'heure même du travail qu'il faut mettre l'oscillation[38] », inventant ainsi une dialectique de l'attention et du repos. Le rythme fracture l'homogénéité du temps géré, et dans cette brèche laisse une place pour que s'y déploie la pensée et la rêverie, source qu'une micro-créativité qui (se) joue du/avec le programmé. Un droit fondamental des travailleurs devrait donc être le droit de rêver ! Pluraliser les rythmes résiste à l'uniformisation du temps par la synchronisation, cette pluralisation réinstallant ainsi le temps au travail dans des rythmes plus vastes au sein desquels la vie humaine, « les travaux et les jours », se déploient :

> Faut-il dépeindre la durée bien rythmée de l'homme des champs vivant d'accord avec les saisons, formant sa terre sur le rythme de son effort[39] ?

On perçoit ici les conséquences qui s'engagent dans la reconnaissance de la dimension sociale et environnementale du travail, avec cette attention aux rythmes. Le temps au travail est un temps qualifié que la confrontation avec la matière renforce en la dynamisant.

---

38 G. Bachelard, *La dialectique de la durée*, PUF, 1950, p. 140.
39 *Ibid.*, p. 147.

IMAGINATION MATÉRIELLE

Quant à l'imagination matérielle, réinstallée dans une analyse du travail humain, elle explicite de façon singulière la manière dont l'homme noue son effort pour être avec les éléments du monde. On le sait, en amont de l'opposition entre sujet et objet, la matière dont parle l'imagination matérielle n'est ni la substance aux propriétés physiques rationalisée qu'étudient les sciences et que triturent les ingénieurs en en faisant des matériaux aux propriétés contre-intuitives ; ni la matière première dévisagée sous le prisme instrumental. La matière rêvée exprime une forme de coémergence du soi et du monde. L'onirisme des matières invite alors à penser une classification des métiers selon qu'on y travaille le dur (pierre, gravure, ferronnerie, forge) ou le mou (le modelage, la poterie, les pâtes, les eaux, les fibres). On y montrerait qu'à chaque fois, s'y invente une entente propre du travailleur et de son milieu.

> Le métier de forgeron, pris dans sa totalité primitive, est bien évidemment, un métier des quatre éléments. [...] Le métier de forgeron est donc bien un métier complet, un métier de grande cosmicité ; travailler ce qu'est un métier complet[40].

Cette dimension de cosmicité est décisive. Elle exprime combien le travail noue intimement au monde dans une dimension qui échappe aux logiques du calcul, de la transparence et de l'intérêt. Si l'étymologie du mot métier tient à la fois du ministère (*ministerium*) et du mystère (*mysterium*) c'est qu'il y a dans son épreuve une consistance opaque qui ne cesse d'inciter à l'élucider dans des rêveries. Elle est décisive pour une seconde raison. Parler de grande cosmicité insiste aussi sur le fait qu'avec le travail, c'est aussi une relation avec un *oikos* qui s'initie. Le travail cultive une forme d'entente propre avec la nature dont les matières sont les connecteurs imageants. Se souvenir de cela invite à ne pas penser l'écoumène comme une carrière exploitable, et les matières uniquement comme des substances à prélever et des flux à gérer, mais à venir saluer en elle une relation d'appartenance tonifiante. Telle est la portée de la dimension écologique du travail.

---

40 Id., « Le lyrisme de la forge, Causerie du 27 décembre 1952 », dans *Causeries, 1952.54*, ed. Il melangolo, Genova, 2005, p. 80.82.

Nous voudrions, pour conclure, terminer en disant que la créativité dont il est question avec Bachelard ne concerne pas ce mot-valise de la modernité tardive qui, lorsque le développement prend la place de l'idée de progrès, valorise les dispositifs innovants, l'innovation technoscientifique ou techno-administrative. La créativité dont il est question concerne l'énergie créatrice, brute et non nécessairement brutale, engagée dans l'expérience humaine du travail. Parler de créativité ne suggère pas une esthétisation du geste du travail dans son exaltation artiste, romantisme recherchant l'artiste dans l'artisan, ignorant le labeur, l'effort, la contrainte et l'organisation collaborative. Il est plutôt question, avec l'onirisme du travailleur d'un « bricolage poétique avec les normes » aurait dit Michel de Certeau, incitant à ne pas confondre stratégies et tactiques, le vif du travail se trouvant dans la tactique que permet la rêverie. C'est cette créativité pratique qui a retenu notre intérêt dans la relecture de Bachelard. Il existe une créativité, parfois une micro-créativité dans toute pratique professionnelle, qui conduit à imaginer, improviser, inventer, fabriquer. La puissance onirique du travail ne tient pas à une évasion de la réalité, mais en une intensification de la présence. Au sein des activités ou des gestes programmés, elle investit la contingence singulière. C'est à partir de là que le travail devient créateur, non enchaîné à la volonté de le prévoir et de le reproduire. Le travailleur et le rêveur peuvent alors faire bon ménage. La rêverie explore en imagination la singularité contingente, y trouvant l'opportunité d'une création. Cette manière inattendue de convoquer la pensée de Gaston Bachelard est alors intempestive. Elle redit que le travail est un risque à courir au sein d'une société du risque qui juge irresponsable de « courir des risques ».

Jean-Philippe PIERRON
Université de Lyon – IRPhiL

L'IMAGINATION AU TRAVAIL

Bachelard, philosophe des sociétés préindustrielles

> L'espace appelle l'action et avant l'action l'imagination travaille[1].

Bachelard a contribué dans la seconde partie de son œuvre (à partir de 1937), qui complète l'axe épistémologique de la science, à transformer profondément les thèses récurrentes de la philosophie rationaliste concernant l'imagination. Celle-ci, surtout à partir du XVIIe siècle (Descartes, Malebranche, Montaigne, Pascal, puis Hume, etc.), était présentée de manière prévalente comme un succédané de la perception, comme une reproduction passive et affadie des sens, exposée à des relations associatives faibles, et susceptible de porter atteinte au contrôle rationnel des représentations, favorisant des idées fausses et déclenchant des effets pathologiques. Autant Bachelard prolonge, en renouvelant son épistémologie, le rationalisme classique, son anticartésianisme restant référé à Descartes, en y introduisant entre autres une dialectique négative ; autant il rompt avec lui pour décrire la nature et les effets de l'imagination. Il réactive plutôt la longue filiation d'une conception de l'imagination active et créatrice, qui s'enracine dans le néoplatonisme d'un Giordano Bruno ou d'un Paracelse[2], et va trouver une expression forte chez Kant[3] puis connaître son expansion dans la pensée des romantismes allemands[4]. La poétique bachelardienne, même si elle est souvent assumée comme une occupation intellectuelle

1 G. Bachelard, *La poétique de l'espace*, Paris, PUF, Quadrige, 2011, p. 30.
2 Alexandre Koyré, *Mystiques, spirituels et alchimistes du XVIe siècle allemand*, Ed 10-18, 1955, Reed Paracelse, Éditions Allia, 1998.
3 Emmanuel Kant, *Critique de la faculté de juger*, Vrin, 1993.
4 Georges Gusdorf, *Le romantisme*, Tomes I et II, Payot, 2002.

légère et distrayante, va ouvrir sur une systématicité et une profondeur philosophiques nouvelles et redonner une actualité aux anciennes théories de l'imagination créatrice, symbolique ou visionnaire.

Bachelard va, dans ce contexte, retrouver les conceptions fortes de l'imagination, comme dotée d'une force interne (*vis* en latin ; *Kraft* en allemand) qui va permettre de distinguer entre une imagination passive, contemplative, du repos, et une autre libérant toutes les énergies du sujet et accompagnant de manière spontanée les gestes, postures, comportements d'un être agissant dans et sur le monde extérieur. L'imagination va même devenir l'instance centrale pour comprendre le psychisme agissant, travaillant, transformant les matières et formes du milieu extérieur. Cette dualité entre deux expressions et modalités de l'imagination sera soutenue par les catégories jungiennes d'« anima » rêveuse et fusionnelle et d'« animus » aux prises avec une adversité, celle d'un non-moi[5]. Par-là Bachelard va apporter une contribution originale à l'imagination du travail manuel, domestique ou des métiers, rejoignant les acquis de toute une anthropologie du travail préindustriel de son temps.

L'IMAGINATION ACTIVE AU TRAVAIL

Bachelard a renouvelé fortement les conceptions de l'imagination, comme pouvoir psychique, en l'ancrant dans la volonté, dans l'inconscient, dans le corps, et a ainsi contribué à souligner ses capacités performatives, pragmatiques, praxiques. Certes Bachelard ne minimise pas le risque de dérive pathologique de la puissance des images, mais il s'en défie et s'en détourne, à la fois par goût personnel et parce que la psychanalyse et la psychologie clinique lui ont déjà accordé beaucoup d'attention[6]. La dynamique positive, voire adaptive, de l'imagination lui apparaît plus conforme à son tempérament et plus urgente du point de vue culturel, en particulier pour la compréhension de la créativité artistique et poétique. L'imagination, dans certaines de ses configurations et conditions

---

5 Gaston Bachelard, *La poétique de la rêverie*, PUF, Quadrige, 2016, chapitre II.

6 Voir notre analyse dans *Bachelard, poétique des images*, Mimesis, 2012.

d'exercice, ne fournit pas seulement des représentations poétiques dans l'intentionnalité rêveuse, passive, contemplative, mais induit aussi des postures, gestes, mouvements, actions, bref innerve le faire de l'*homo faber*, qu'il soit artiste ou artisan.

Cette nouvelle philosophie de l'imagination poïétique et même praxéologique, s'appuie sur une conception de l'incorporation de l'imaginaire, déjà développée par la phénoménologie contemporaine. L'imagination prend racine dans la sensori-motricité, elle accompagne les contacts haptiques et scopiques avec les matières et les espaces. Bachelard est sensible aux expériences du corps en mouvement, sur soi, dans la gestuelle, mais aussi dans l'espace extérieur, puisqu'il fait déjà l'éloge de la marche inspirante. Cette incorporation des images va de pair avec la description de la dynamique psychique qui résulte de la relation dynamique de l'opposition, de la résistance des matières travaillées.

CORPS AU TRAVAIL ET IMAGINAIRE

Pour Bachelard, le Cogito rêveur, de même qu'il n'est pas coupé du monde, n'est pas isolé dans une sphère idéelle du Moi. La conscience imaginative est activée comme une manière d'être, comme une relation active du corps-sujet avec ce qui l'entoure. Rêver, c'est toujours une visée d'un corps, au repos ou aux prises avec le monde, et l'imagination s'y développe en proportion des cénesthésies, des excitations motrices, des pulsions internes, des vibrations et rythmes profonds[7]. Et réciproquement, l'imagination ne s'impose pour un sujet comme un « être au monde » qu'en activant dans le corps des forces internes de résistance, d'empathie, de rythmique. Pour Bachelard, imaginer n'est pas seulement un processus mental, représentatif, mais d'abord une convocation de tout l'être qui se relie au monde par la totalité de son être physique.

7 Cette inscription dans la motricité est bien explorée dans *La dialectique de la durée* sous l'angle des vibrations et rythmes élémentaires. Voir Gilles Hieronimus, et Julien Lamy, *Imagination et mouvement ; Autour de G. Bachelard et M. Merleau-Ponty*, EME, 2011. Gilles Hieronimus, dans sa thèse, a étudié de manière approfondie les images du mouvement, les sources de l'imaginaire dans la motricité interne et dans la mobilité.

Or l'imagination active n'est nulle part aussi incarnée que dans les activités artisanales, qui semblent avoir favorisé et exploré toutes les grandes formes de rêveries. La poétique bachelardienne est d'abord celle de l'*Homo faber*, cultivée et conservée par la civilisation préindustrielle, par ses mythes, légendes, contes et son folklore. La matière n'est jamais plus onirique que lorsqu'elle est, non contemplée passivement, mais rencontrée physiquement, modelée, malaxée, bref transformée par la main : « Matière et main doivent être unies pour donner le nœud même du dualisme énergétique[8] ». Dans le labeur, dans le travail de l'artisan, mais aussi celui de la cuisinière ou du bricoleur, la terre est l'occasion d'une véritable rematérialisation par l'imaginaire. La matière n'est plus substrat d'une représentation mais elle autorise une réelle participation active qui finit par dissoudre les limites du sujet et de l'objet.

> L'image matérielle, plus encore que l'image des formes et des couleurs, se refuse à une objectivité totale, car elle appelle de prime abord la participation intime du sujet[9].

Rien de plus significatif que l'éloge bachelardien de la main du travail de l'artisan ou de l'artiste. La main, par exemple celle du graveur, est l'instrument dynamique de l'œuvre à venir, plus que le regard.

> Ce n'est pas l'œil qui suit les traits de l'image, car à l'image visuelle est associée une image manuelle et c'est cette image manuelle qui vraiment réveille l'être actif en nous. Toute main est conscience d'action[10].

Revenant sur le « Traité du burin » de son ami le graveur Flocon, il met en avant qu'il s'agit d'un « véritable recueil d'exercices pour la volonté digitale. Sa lecture donne à la main la plus perdue de paresse une impatience de dessiner, un espoir de graver[11]. »

Si l'on réunit les diverses analyses éparses de Bachelard, il apparaît que la vie sociale du travail manuel, du travail appliqué, fait alterner deux types de relations concrètes aux réalités du milieu externe :

---

8 G. Bachelard, *La terre et les rêveries de la volonté : essai sur l'imagination des forces* [1948], Paris, José Corti, coll. « Les Massicotés », 2003, p. 25.

9 *Ibid.*, p. 233.

10 Id., *Le droit de rêver*, Paris, PUF, Quadrige, 2010, p. 68.

11 *Ibid.*, p. 94.

- lorsque le sujet laborieux est régi par son « animus », l'imagination laborieuse se déploie sur un mode éristique, en se confrontant au monde extérieur, aux matières, formes et mouvements par une expérience de la résistance des matières, par un vécu d'agression et de violence inhérente à la main qui transforme la matière[12] ;
- lorsque le sujet est, à l'opposé, dominé par son « anima », il se place en état de repos et de rêverie quasi fusionnelle avec les matières et le cosmos. Par une dilatation de la subjectivité, la rêverie entraîne une sorte de dissolution des limites et de réversibilité des espaces du dedans et du dehors, passant ainsi dans une logique de l'entrelacs et du chiasme. Dans toute rêverie passive sur le monde, sur les matières, éléments et espaces, le dehors s'intériorise, s'invagine pour se subjectiver comme intimité, et à l'inverse l'intériorité subjective se dilate et devient coextensive avec l'immensité du dehors. Tel est bien le sens de la « cosmicité intime » attachée à une poétique d'un cosmos apaisé, tranquille, où l'on parvient à se sentir chez soi : « Le monde imaginé nous donne un chez soi en expansion, l'envers du chez soi en chambre[13] ».
- En alternant, ces deux phases forment une rythmique cyclique qui scande le temps du travailleur. Ainsi les matières dures de la terre engendrent une « lythochronologie », une dialectique d'énergie agressive et de résistance, qui produisent un rythme chaque fois bien singulier. C'est bien cette matière rythmée qui imprègne le psychisme et suscite son imaginaire tonique.

> À l'être travaillant, le geste du travail intègre en quelque sorte l'objet résistant, la résistance même de la matière. Une matière-durée est ici une émergence dynamique au-dessus d'un espace-temps. Et encore une fois, dans cette matière durée, l'homme se réalise plutôt comme devenir que comme être. Il connaît une promotion d'être[14].

Cette rythmique opère ainsi entre le sujet et le monde par ces échanges dialectiques d'action-réaction mais aussi à l'intérieur même du sujet qui se voit tout à tour poussé vers l'extérieur et vers l'intérieur :

---

12 Bachelard a étudié cet imaginaire chez Lautréamont.

13 Id., *La poétique de l'espace*, *op. cit.*, p. 152. G. Bachelard oppose aussi le rêveur apaisé de monde à « l'agressivité du regard pénétrant ». *La poétique de la rêverie*, *op. cit.*, p. 159.

14 Id., *La terre et les rêveries de la volonté : essai sur l'imagination des forces*, *op. cit.*, p. 22.

> Une matière bien choisie, en rendant au rythme d'introversion et d'extraversion sa véritable mobilité, procure un moyen de rythmanalyse[15].

Ainsi chaque phase est traversée de rythmes internes qui reposent sur des fragmentations de temporalité. Or celle-ci, loin d'être entraînée par une durée continue se révèle toujours comme une discontinuité vibratoire, ouvrant sur des cycles alternatifs séparés par des hiatus instantanés. Le travail devient donc poétique, libérateur et générateur d'images en fonction des rythmes nés aussi bien de l'affrontement avec des matières que du temps poétique lui-même, en chaque phase de volonté ou de repos[16].

À l'interface du corps et du monde, l'imagination associée au vouloir vivre primitif, fait donc alterner dans la praxis des temps d'*éros* et d'*éris*, déployant tour à tour une érotique du contact et une éristique de l'agression des réalités étendues.

L'IMAGINAIRE DE LA RÉSISTANCE

La force créatrice de l'imagination laborieuse résulte en fait des relations conflictuelles entre le sujet et le monde qui constituent l'essence du travail. Il n'est pas surprenant alors que Bachelard consacre tant d'analyses à cette action-réaction de la main au travail, mettant en jeu surtout l'élément Terre. Bachelard est très attaché à l'imaginaire artisanal – du forgeron, du boulanger, etc. –, pour qui le corps à corps avec les propriétés matérielles engendre une création d'œuvres mais aussi une création de nouvelles images et rêveries. S'il existe bien un imaginaire au repos, l'imaginaire lié à l'action sur les choses semble libérer des images plus fortes et plus nombreuses, qui disposent d'un retentissement existentiel et culturel plus ample. C'est dans l'affrontement, la lutte, la maîtrise d'une résistance que l'imagination trouve son énergie et fait accéder à un bonheur.

---

15 *Ibid.*, p. 33. Ce terme de rythmanalyse, emprunté au brésilien Pinheiro Dos Santos, est une reprise tardive des analyses développées dans *La dialectique de la durée*, PUF, 2013.

16 Thèse que Bachelard avait développée dans *L'intuition de l'instant*.

> La matière est pour l'ouvrier une condensation des rêves de l'énergie[17].
>
> La philosophie du *contre* doit avoir le pas sur la philosophie du *vers*, car c'est le *contre* qui finit par désigner l'homme dans son instance de vie heureuse[18].
>
> Il faut à l'imagination un animisme dialectique, vécu en retrouvant dans l'objet des réponses à des violences intentionnelles, en donnant au travailleur l'initiative de la provocation. L'imagination matérielle et dynamique nous fait vivre une adversité provoquée, une psychologie du contre[19] ; elle se mélange facilement avec d'autres éléments (dans les pâtes et les cristaux)[20].
>
> Toute lutte est dualité – en vertu d'un postulat simplificateur des images dynamiques. Mais réciproquement, pour l'imagination, toute dualité est lutte. Toute substance, pour l'imagination, dès qu'elle cesse d'être élémentaire, est nécessairement divisée[21] .

Le malaxage de l'argile ou le pétrissage du pain constitue un prototype de cette expérience de la matérialité, parce qu'il s'agit d'une expérience phénoménologique où mon corps vit l'épreuve de la résistance d'autres corps, où les matières résistent d'autant plus qu'elles sont mélangées, puisque dans le cas de l'argile comme de la pâte, on a affaire à une sorte de mariage entre deux éléments. Ces matières activent donc les rêveries à mesure qu'elles sont non seulement contemplées, mais manipulées, transformées par la main, par un corps agissant et surtout travaillant.

Bachelard détaille son parcours de l'imaginaire actif du travail des matières chtoniennes en distinguant, entre autres, les matières molles et dures, qui sont des matrices de phénoménologie onirique divergentes. La dimension conflictuelle, si présente dans le travail de la terre dure, est bien soulignée par les nombreuses occurrences à l'affrontement avec la matière, à la résistance de l'objet dur, à la pénétration des substances, à la blessure, au corps à corps, au rythme enfin qui intensifie le mouvement d'action-réaction. Ces connotations sont reprises, sur un mode euphémisé, par les thèmes de la dureté, de la violence, même dans l'imaginaire de la terre intimiste[22]. Dans le prolongement d'un Maine de Biran, pour qui l'effort résulte toujours d'un fait primitif de

17 Id., *La terre et les rêveries de la volonté : essai sur l'imagination des forces*, *op. cit.*, p. 61.

18 *Ibid.*, p. 62.

19 *Ibid.*, p. 21.

20 Pour le mélange des éléments : de la terre et de l'eau, *ibid.*, p. 74 ; pour le mélange à 3 éléments (pâte = terre, eau, air) ou 4, *ibid.* p. 87 ; pour le cristal, *ibid.*, p. 291.

21 *Ibid.*, p. 65.

22 *Ibid.*, p. 62 *sq.*, et p. 228.

résistance, ou d'un Nietzsche, qui a valorisé l'adversité comme moteur de la volonté de puissance, Bachelard rattache donc la puissance de rupture et de transformation de l'imagination à un coefficient de résistance, interne ou externe. Ainsi l'imagination se renforce chez le sujet à mesure qu'il s'engage corporellement, physiquement dans une rencontre avec les matières du monde.

D'une part, les éléments concrets réels nourrissent des rêveries agressives. L'imagination bachelardienne s'exprime dans les mouvements de « maligne colère[23] » contre les matières, dans la capacité à affronter, au prix d'une souffrance, la résistance du poids des choses, dans l'hostilité des forces naturelles. En visant la matière, non du simple regard, mais avec l'énergie de la main, l'agent modifie son propre tonus, est touché par une tonalité d'être, qui réveille en lui un caractère énergique, viril, que Bachelard rattache à l'« *animus* » masculin, présent aussi chez la femme, et qui déclenche à son tour des pulsions agressives : « Rêver d'images matérielles… c'est aussitôt tonifier la volonté… la matière est notre miroir énergétique[24] ».

D'autre part, les dispositions éristiques (d'« *eris* » qui désigne, déjà chez Empédocle, la colère, l'agressivité), accidentelles ou constitutionnelles (du caractère et du tempérament) d'hostilité et de violence, présentes en l'homme, vont trouver dans les matières, en particulier la terre, un support d'expression, le travail devenant une sorte d'exutoire voire de décharge des tendances violentes du travailleur.

Bachelard déploie ainsi une psychologie des profondeurs dynamique et dialectique du travail physique sur les matières, qui rend possible sa réévaluation anthropologique et sociale.

---

23 *Ibid.*, p. 42. G. Bachelard s'attarde ainsi sur cette imagination colérique à travers le mythe de pétrification de Méduse (*La terre et les rêveries de la volonté*, p. 250 *sq.*) ou analyse la colère contre la saleté, qui traverse même l'imaginaire de la terre apaisée (*La terre et les rêveries du repos*, *op. cit.*, p. 65).

24 Id., *La terre et les rêveries de la volonté : essai sur l'imagination des forces*, *op. cit.*, p. 23.

IMAGINAIRE ET VALEURS DU TRAVAIL

Bachelard apporte en effet un éclairage original à une anthropologie du travail manuel préindustriel, technique et artistique, qui prend place dans une convergence d'approches de toutes sortes de disciplines. De ces analyses éparses, on peut en conclure que :

1. Il existe un véritable imaginaire, thématisé, structuré, du travail manuel, artisanal et ouvrier, soit utilitaire soit artistique. Ces activités laborieuses traversées d'images métaphoriques, symboliques et mythiques commencent à même la vie domestique. En appelant en renfort Bosco ou Rilke, Bachelard montre que dans la moindre activité quotidienne de l'habitat, l'imagination est déjà à l'œuvre :

> Par les soins du ménage est rendue à la maison non pas tant son originalité que son origine. Ah ! quelle grande vie si, dans la maison, chaque matin, tous les objets pouvaient être refaits de nos mains, "sortir" de nos mains !... faire tout, refaire tout, donner à chaque objet un "geste supplémentaire", une facette de plus au miroir de la cire, autant de bienfaits que nous donne l'imagination en nous laissant sentir la croissance interne de la maison[25].

Il n'est pas jusqu'aux grands inventeurs qui rêvent aussi leurs projets à partir d'images cosmiques. Bernard Palissy est plus d'une fois mis en avant pour sa manière d'inventer des cabinets de jardins sur le modèle de forteresses-coquilles, la coquille incarnant le rêve archétypique de l'« habiter[26] ». L'observation s'étend ensuite aux tâches sociales les plus modestes :

> J'ai lu dans un roman italien l'histoire d'un balayeur des rues qui balançait son balai avec le geste majestueux du faucheur. En sa rêverie, il fauchait sur l'asphalte un pré-imaginaire, le grand pré de la vraie nature où il retrouvait sa jeunesse, le grand métier du faucheur au soleil levant[27].

2. Le travail, du fait de ce jaillissement d'images, n'est pas uniquement aliénant mais peut devenir psychiquement fécond, source de promotion d'être et à vrai dire de bonheur :

25 Id., *La poétique de l'espace*, *op. cit.*, p. 75.
26 *Ibid.*, p. 125-126.
27 *Ibid.*, p. 75.

> Du forgeron au potier sur le fer et dans la pâte, nous montrerons par la suite la fécondité des rêveries du travail[28].

> L'imagination est un principe de multiplication des attributs des substances. Elle est aussi volonté de plus être, non point évasive, mais prodigue, non point contradictoire, mais ivre d'opposition[29].

Les métiers mettent en œuvre des modes d'existence psychiquement créateurs, dont les mythes sont l'écho (comme le mythe du forgeron). À la limite même le travail restructure psychiquement et se voit même être régénérateur de souffrances et de mal être.

> Le travail sur des objets, contre la matière, est une sorte de psychanalyse naturelle. Il offre des chances de guérison rapide parce que la matière ne nous permet pas de nous tromper sur nos propres forces[30].

Le travail constitue donc une sorte de stimulus psychique eudémoniste parce qu'il réconcilie l'homme avec le monde au lieu de l'insérer (ou l'aliéner) seulement dans une organisation sociale, seule dimension mise en avant par K. Marx.

> Le travail met le travailleur au centre d'un univers et non plus au centre d'une société[31].

> Enlevez les rêves, vous assommez l'ouvrier. Négligez les puissances oniriques du travail, vous diminuez, vous anéantissez le travailleur. Chaque travail a son onirisme, chaque matière travaillée apporte ses rêveries intimes. On ne fait rien de bon à contrecœur, c'est-à-dire à contre-rêve. L'onirisme du travail est la condition même de l'intégrité mentale du travailleur[32].

3. Le travail par la libération d'images de lutte et de verticalité accède même à une valeur éthique et morale. L'imaginaire matériel, surtout tellurique, nous engage dans autre chose qu'une rêverie subjective et placide, qui nous isolerait du monde ou qui nous conduirait vers un relâchement des forces vitales. Se met en place, au cœur de la rêverie laborieuse, un cycle, une dialectique de tension, la matière éveillant l'énergie psychique, l'énergie se voyant à son tour amplifiée par la

28 Id., *La terre et les rêveries de la volonté : essai sur l'imagination des forces*, *op. cit.*, p. 24.
29 *Ibid.*, p. 26.
30 *Ibid.*, p. 30.
31 *Ibid.*, p. 31.
32 *Ibid.*, p. 93.

résistance ou la consistance, surtout la dureté, de la matière. On assiste alors à une régulation psychologique, dont Bachelard souligne les vertus de formation d'un caractère « dur ». Ainsi l'éristique de l'imagination participe intimement à la « *Bildung* », à la formation de soi, à l'éducation, à la culture[33]. Loin de nous emprisonner dans un divertissement anodin et futile, l'imagination matérielle contribue au développement du sujet, à la force de son caractère. Car l'éducation bachelardienne porte bien sur deux instances, celle de la raison, à laquelle contribue l'instruction scientifique, et celle de l'imagination, qui contribue à fortifier la volonté[34].

Ne nous confie-t-il pas, en écho aux analyses des joies douloureuses du travail, que rien n'est plus tonifiant que de porter une charge en escaladant une montagne, situation-limite qui témoigne de cette intime liaison de l'imagination des choses et de la volonté sur soi ? Car un fardeau entraîne du plaisir : « Pour un véritable alpiniste, le sac est un plaisir positif[35] ». Il y a bien une jouissance de l'imaginaire dans le fait de se faire souffrir, de porter la charge, tels Atlas ou Sisyphe, qui jouissent, comme le montagnard, de porter un lourd fardeau. Si Bachelard célèbre souvent des formes de bonheur radieux et apaisé, il nous révèle aussi parfois les abîmes d'une sorte de masochisme de la pesanteur, voulue et non subie, comme si l'imaginaire de la contrainte, de la contrariété, à l'égal de la controverse, constituait un ressort primordial de l'imagination.

Le travail nous sensibilise, donc, à une sorte d'hygiène de vie, voire à une éthique du redressement, qui est à l'inverse du repos régressif vers le sein maternel. Le redressement, image positive de la hauteur, est toujours liée à une sublimation : « Il semble qu'un véritable tropisme pousse l'être humain à tenir la tête haute[36] ». Car rêver au contact de la terre devient une sorte d'expérience où l'on impose au moi de nouvelles formes et forces de redressement. Car :

> La valorisation verticale est si essentielle, si sûre, sa suprématie si indiscutable que l'esprit ne peut s'en détourner quand il l'a une fois reconnue dans son sens immédiat et direct. On ne peut se passer de l'axe vertical pour exprimer

33 Voir notre étude « La Bildung, ou l'imagination dans l'éducation », in Renée Bouveresse, *Éducation et philosophie, écrits en l'honneur d'O. Reboul*, Paris, PUF, 1993, p. 59 *sq.*

34 Voir Michel Favre, *Bachelard éducateur*, Paris, PUF, 1995.

35 *La terre et les rêveries de la volonté : essai sur l'imagination des forces*, *op. cit.*, p. 371.

36 *Ibid.*, p 356.

les valeurs morales. Quand nous aurons mieux compris l'importance d'une physique de la poésie et d'une physique de la morale, nous toucherons à cette conviction : toute valorisation est verticalisation[37].

4. Mais au-delà des apports psychiques internes, le travail des matières élargit la sphère de la conscience et la met en sympathie avec le cosmos. Bachelard souligne combien le travail des matières premières active des complexes d'images et des archétypes de l'imaginaire et distend la rêverie intime du travailleur jusqu'aux frontières du cosmos. Elle se prête alors à une cosmologisation (que Bachelard lie au pancalisme, au sens de la beauté) puisqu'elle rend sensible, mieux qu'aucun autre élément, une analogie entre le petit et le grand[38]. La matière tellurique est donc, en un sens, la seule vraie matière par sa puissance de stimulation d'un onirisme complet.

BACHELARD ET L'ANTHROPOLOGIE SYMBOLIQUE DES TECHNIQUES

Par toutes ses approches de l'imaginaire laborieux, Bachelard se trouve en consonance avec de nombreuses interprétations philosophiques et anthropologiques du travail artisanal et même artistique. Parmi de nombreuses références on peut relever des proximités significatives avec[39] :

– Henri Bergson : Bachelard, malgré son anti-bergsonisme, proclamé dans ses études du temps, partage cependant avec lui bien des orientations, dont celle d'une herméneutique de l'*homo faber.* Mais là où Bergson lie ensemble intelligence adaptative et fabrication, Bachelard, adjoint à la rationalité technico-scientifique la dynamique créatrice de l'imagination ;

37 Id., *L'air et les songes*, Livre de poche, 1992, p. 17-18. Voir aussi p. 121.

38 *Op. cit.* p. 158, p. 209, p. 379.

39 On ne traitera pas de la place de la technique dans l'œuvre de Gilbert Durand, déjà abordée dans « Imaginaires des techniques : liberté et contraintes symboliques à partir de Gilbert Durand » in revue IRIS, du Centre de recherches sur l'imaginaire de l'université de Grenoble.

– André Leroi-Gourhan : le préhistorien avait établi que dès les origines, le statut de beaucoup de biens produits, fonctionnels ou superflus, témoigne de la fréquente surcharge symbolique qui les accompagne. Non seulement la plupart des produits du travail ne se réduisent ni à leur valeur marchande ni même à leur valeur d'usage, mais les formes et les fonctions des objets les plus prosaïques se voient affectées d'une sorte de plus-value esthétique. Les artefacts techniques croisent inévitablement une logique fonctionnelle et une logique symbolique, tout objet technique devenant par-là signe culturel. Ainsi telle cuillère esquimaude doit, certes, sa forme d'ensemble aux propriétés des matériaux utilisés et à sa finalité alimentaire, mais sa grande contenance comme la forme de son manche, représentant un orque, ne s'expliquent que par un symbolisme initiatique, qui lui confère aussi un style esthétique et une valeur rituelle[40].
– André Varagnac et J. Huizinga : ces historiens des pratiques sociales convergent vers l'idée que l'évolution du travail dans l'ère industrielle a conduit à une régression du substrat ludique, onirique et symbolique des tâches productives traditionnelles. Les processus modernes d'abstraction du mode de travail, d'atomisation des comportements, de dépossession des biens produits, n'aboutissent pas seulement, comme l'a montré K. Marx, à une aliénation sociale, mais aussi à une déstructuration psychique[41]. Le travail industriel a donné naissance à une population anonyme, massifiée, de salariés, voués à des tâches standardisées, mais aussi à une humanité anémiée dans son imaginaire. La logique productiviste moderne consacre ainsi la dualité irréconciliable du travail et du jeu : le temps du travail est exclusif de zones d'indétermination ludique, de séquences d'innervation onirique. Les conséquences en sont multiples, en particulier sur les traditions culturelles. Comme l'illustre le folkloriste A. Varagnac :

> Le remplacement rapide des moteurs humains par des acteurs mécaniques est l'une des causes directes de la décadence de notre folklore musical, de l'appauvrissement de notre répertoire de chansons, avec toutes les conséquences qu'une telle décadence comporte quant à la culture esthétique du peuple[42].

40 Leroi-Gourhan, *Le geste et la parole. Tome II, Mémoire et rythmes*, Albin Michel, 1965.
41 Johan Huizinga, *Le déclin du Moyen-Age*, P.B. Payot, 1967.
42 André Varagnac, *Civilisation traditionnelle et genres de vie*, Albin Michel, 1948.

Rites et fêtes évoluent, dès lors, dans le sens d'un affadissement croissant, d'une marginalisation continue, par rapport au cycle des fêtes de la Cité. Parallèlement, comme l'a souligné J. Huizinga, les activités symboliques quittent progressivement le théâtre social des « travaux et des jours », et se voient enfermées dans des espace-temps improductifs et dévalués. Toute l'idéologie prométhéenne et bourgeoise traque ainsi l'imagination, déclare futile l'esthétique et normalise la socialité conviviale. Le champ social du jeu n'est plus toléré qu'à l'extérieur du monde de la production, dimanche et jours fériés, qui eux-mêmes vont d'ailleurs s'amenuiser lentement, au siècle dernier[43].

– Mircea Eliade : étudiant les mythologies religieuses comparées, il établit les charges symboliques et mythiques des métiers traditionnels. L'irradiation du travail artisanal par un capital d'images symboliques se trouve renforcée par l'organisation sociale du travail. Chaque métier traditionnel secrète un corpus de mythes et de rites (dont la mémoire reste vivante dans l'organisation des Compagnons du devoir), qui inscrivent les gestes et les finalités dans une cosmologie sacrée. M. Eliade a ainsi mis en relief l'imaginaire alchimique qui œuvre au sein des métiers traditionnels de la métallurgie :

> Il y a ceci de commun entre le fondeur, le forgeron et l'alchimiste, que tous trois revendiquent une expérience magico-religieuse particulière dans leurs rapports avec la substance ; cette expérience est leur monopole et le secret s'en transmet par les rites initiatiques des métiers ; tous trois travaillent sur une Matière qu'ils tiennent à la fois pour vivante et sacrée, et leurs labeurs poursuivent la transformation de la matière, son "perfectionnement", sa "transmutation".

Confréries et corporations deviennent ainsi des entités sociales génératrices d'un imaginaire dans lequel technique et symbolisme interagissent. Parallèlement donc à la circulation d'un imaginaire religieux, par le biais d'une classe sacerdotale, s'opère une vivification symbolique de la société par l'intermédiaire de corps de métiers. L'imaginaire de la création technique devient le terreau de fécondation des symboles et le lieu de leurs variations perpétuelles à travers les gestes du labeur. Par le travail, intérêts visibles et invisibles se nouent dans les mêmes représentations ;

43 J. Huizinga, *Homo ludens*, Gallimard, 1951.

– Ivan Ilitch : virulent critique de la rationalisation mécanique du travail moderne, il montre combien les outils et gestes sont normalisés et ritualisés par la partition symbolique de la sexuation. Déjà, par sa panoplie d'outils, l'artisan traditionnel participe à une vaste polarisation, masculine et féminine, du monde, attestée, par exemple, par l'étymologie ou par le genre grammatical des noms qui les désignent. Illich rattache même toute l'ère pré-industrielle du travail à la structuration de la culture autour du « genre », qui retient des valences symboliques bien plus riches que celles désignées aujourd'hui par notre catégorie réductrice d'appartenance sexuée. L'imprégnation culturelle du « genre » est particulièrement manifeste dans la culture technique :

> Dans toutes les sociétés pré-industrielles, à un ensemble de tâches spécifiques à un des genres, correspond un ensemble d'outils pareillement spécifiques. Même les outils appartenant à la communauté ne peuvent être maniés que par la moitié de ses membres. En saisissant un outil et en s'en servant, on se rattache essentiellement au genre qui manie cet outil par excellence. La relation entre les genres est donc, avant tout, sociale. Les outillages distincts déterminent la complémentarité matérielle de la vie[44].

Tous ces travaux contemporains de Bachelard, même s'ils ne sont pas souvent ou jamais cités, apportent aux analyses de Bachelard un renfort interprétatif, une crédibilité accrue. Ces travaux plus scientifiques que phénoménologiques vérifient les acquis bachelardiens en soulignant l'importance structurante et instituante de l'imaginaire dans le travail corporel manuel[45].

CONCLUSION : LES ENJEUX D'UNE PHILOSOPHIE SYMBOLIQUE DU TRAVAIL

L'imagination se révèle être ainsi une faculté humaine fondamentale qui alimente son dynamisme et sa créativité à des sources antérieures : une

44 Ivan Illitch, *Le genre vernaculaire*, Seuil, 1983.
45 Celles-ci sont de nos jours réévaluées par Richard Sennet, *Ce que sait la main. La culture de l'artisanat*, Albin Michel, 2010.

motricité corporelle qui s'enracine dans nos efforts musculaires (surtout de verticalité) voire nos propensions pulsionnelles (source de l'agressivité), qui s'autodéveloppe elle-même en volonté, cette énergie du sujet, moins intellectualisée que ne le soutenait une tradition cartésienne, capable d'imposer ses désirs propres aux objets. L'imagination n'est donc plus seulement un épiphénomène des désordres du corps, comme l'a pensé une certaine psychologie, mais une mise en images de l'énergétisme d'un être vivant jusque dans ses structurations élémentaires. Par-là, nos imaginaires ne peuvent être réduits à des mondes autarciques et incontrôlés, qui nous privent seulement de raison, mais doivent être évalués à leur enracinement dans le tonus musculaire et la puissance pulsionnelle, qui les dotent de capacité d'exprimer des significations nouvelles et leur donnent un élan vers la liberté. Les différentes postures du corps, ses actions et réactions qui marquent nos comportements, sa mise au repos comme son engagement dans l'effort, amplifié par l'éventuelle résistance des objets rencontrés (les matières qui opposent leur inertie propre à la main qui les travaille), génèrent ainsi différents types d'imaginaires, illustrant la variété de ses œuvres.

Toutes ces conceptions renouvellent la compréhension du travail dans un monde pré-industriel à laquelle Bachelard a apporté une contribution majeure et souvent mésestimée. Sans méconnaître l'inévitable part des tâches serviles, Bachelard soutient que la plupart des formes spécialisées de production – les métiers – dans la civilisation préindustrielle, témoignent de ce que le travail comporte un coefficient de charges symboliques, qui constituent autant de modes d'actualisation et d'amplification de l'imaginaire[46]. Car l'univers du travail est consubstantiel à celui du rêve et du jeu, si l'on veut bien entendre par là une situation, ou une conduite, où règne une part d'indétermination, où prend naissance une variation des relations objectives, un relâchement des contraintes rationnelles. La gestuelle du travail est inséparable d'un monde d'images participatives, inscrites dans la symbolique des outils, entretenues par la puissance onirique du travailleur confronté aux matières travaillées, objectivées, enfin, dans les formes et fonctions des biens produits.

46 Voir les rituels et symboliques du compagnonnage : Fréderick Tristan et Jacques Thomas, *Le livre d'or du compagnonnage*, J.C. Godefroy, 1990.

Par contraste, l'hypertrophie des valeurs industrielles et du « règne de la quantité » n'a pu qu'appauvrir, dans des proportions encore difficiles à évaluer, l'imagination socialisée du travail artisanal. Le renforcement des normes d'adaptation à la société productive par l'institution scolaire n'a, d'ailleurs, fait que contribuer à évincer, du cœur de la culture, la part d'ombre propre aux rêveries quotidiennes. Refoulé et maintenu ainsi sur les marges du social, l'imaginaire est devenu une sorte de denrée rare, de produit de luxe pour une classe de loisirs, quand il n'est pas culpabilisé comme relevant d'une activité régressive voire infantile[47].

Sous cet angle, la civilisation industrielle n'a fait que précipiter un processus général de désymbolisation et de démythification, dont les origines remontent sans doute à des fractures historiques plus anciennes. Qu'on le fasse remonter à la grande vague iconoclaste du XIIIe siècle, comme le proposent Johan Huizinga, Henry Corbin ou Gilbert Durand, ou qu'on le confonde avec le développement de la Réforme protestante, comme le fait Max Weber ou Carl Gustav Jung, le désenchantement du monde et surtout de l'espace social, n'a pu que favoriser un recul de la créativité individuelle en général. La surdétermination romantique de l'artiste, au dix-neuvième siècle, n'est peut-être, en ce sens, que la compensation pathétique d'un reflux de l'imaginaire hors du quotidien du travail. La création artistique se revêt corollairement d'une *aura* démiurgique, à mesure que le travail au jour le jour s'enfonce dans une monotonie dévitalisée.

Jean-Jacques WUNENBURGER
Université de Lyon – IRPhiL

47 Bachelard déplore ainsi que la disparition des métaux (plomb, étain, etc.) aient appauvri l'imagination matérielle : « À voir tant de déficits, on peut croire que notre imagination est décalcifiée ». Voir *La terre et les rêveries de la volonté : essai sur l'imagination des forces, Op. cit.*, p. 235.

RÉSUMÉS/*ABSTRACTS*

Gilles Hieronimus et Julien Lamy, « Introduction »

Les textes réunis pour ce numéro s'articulent autour d'un paradoxe : le fait que l'imaginaire, qui expose pourtant à l'irréel, constitue un ingrédient nécessaire de l'action, qui nous inscrit dans le réel le plus concret. Partant de Bachelard, et des auteurs avec lesquels sa réflexion entre en résonance, il s'agit de montrer que l'imagination et la rêverie, loin de nous éloigner de la réalité et des impératifs de la « vraie vie », sont des ressorts indispensables de notre action dans le monde.

Mots clés : Bachelard, action, praxis, travail, imagination, rêverie, pluralisme, éthique

The texts gathered for this issue revolve around a paradox: the fact that the imaginary, which exposes yet to the unreal, is a necessary ingredient of the action, which inscribes us in the most concrete reality. From Bachelard, and authors with whom his thought come into resonance, it is about to show that the imagination and the reverie, far from being remote from the reality and the imperatives of the "real life", are essential for our action in the world.

Keywords: Bacherlard, action, praxis, work, imagination, reverie, pluralism, ethics

Rodolphe Calin, « Imagination et sincérité. La subjectivation du sujet par l'image chez Bachelard »

Cet article étudie le rapport entre le sujet et l'image poétique. Il s'agit de montrer que l'image, dans laquelle le moi se projette tout entier, n'en est pas le reflet, mais, à la faveur d'un mouvement de variation qui prend la forme d'une sublimation, ce qui lui permet de se constituer comme sujet.

Mots clés : sincérité, imagination, esprit objectif, esprit subjectif, subjectivation, philosophie de la culture, Georg Simmel

This article focuses on the relation between the subject and poetic image. It aims at showing that the image, in which all the self is projected, is not just his reflect, but, thanks to a movement of variation that takes the form of a sublimation, what allows him to constitute himsef as a subject.
Keywords: sincerity, imagination, objective and subjective spirit, subjectivation, philosophy of culture, Georg Simmel

Julien LAMY, « Le perfectionnisme moral bachelardien »

Cette étude propose une lecture perfectionniste de Gaston Bachelard, cherchant à articuler la « vie bonne », comprise comme « promotion d'existence », avec la pratique d'exercices permettant une transformation concrète de l'individu, dans l'horizon d'un pluralisme cohérent des modes d'existence.
Mots clés : pluralisme, éthique, rationalisme, imaginaire, anthropologie philosophique

This study proposes a perfectionist reading of Gaston Bachelard, seeking to articulate the notion of "good life", understood as the "promotion of existence", with the practice of exercises allowing a concrete transformation of the individual, within the horizon of a coherent pluralism of lifestyles.
Keywords: pluralism, ethics, rationalism, imaginary, philosophical anthropology

Arnaud BOUANICHE, « Bachelard, Bergson et l'expérience de la nouveauté. Entre éthique et métaphysique »

Cette étude propose d'envisager la relation entre Gaston Bachelard et Henri Bergson à partir de l'expérience de la nouveauté. Il s'agit non seulement de distinguer deux conceptions métaphysiques de la nouveauté, mais surtout deux éthiques de la transformation, l'une centrée sur l'histoire, l'autre sur le cosmos.
Mots clés : changement, imagination, métaphysique, nouveauté, perception

This study proposes to consider the relationship between Gaston Bachelard and Henri Bergson based on the experience of novelty. It is not only a question of distinguishing two metaphysical conceptions of novelty, but above all two ethics of transformation, one centred on history and the other on the cosmos.
Keywords: change, imagination, metaphysics, novelty, perception

Gilles HIERONIMUS, « Gaston Bachelard, une poétique de l'initiative »

Cet article montre comment Gaston Bachelard trace les linéaments d'une philosophie de l'action inédite, qui fait de la rêverie une fonction poético-pratique décisive, et le foyer central d'une poétique de l'initiative renouvelant – à la faveur d'un dialogue croisé avec Henri Bergson et Jean-Paul Sartre – l'approche classique de la liberté comme acte de commencer.

Mots clés : action, initiative, imagination, rêverie, Henri Bergson, Jean-Paul Sartre

This article shows how Gaston Bachelard traces the lineaments of a new philosophy of action, making reverie a decisive poetic-practical function, and making it possible to elaborate a poetics of initiative, which renews the classical approach to freedom as an act of beginning.

Keywords: action, initiative, imagination, reverie, Henri Bergson, Jean-Paul Sartre

Ludovic DUHEM, « La praxis des images. Simondon lecteur de Bachelard »

Existe-t-il une « praxis des images » propre à Gilbert Simondon ? Résulte-t-elle de sa lecture de Gaston Bachelard ? À partir de ces questions préjudicielles, cette étude s'attache à préciser ce que pourrait être une « praxis des images » au triple sens d'une activité, d'une éthique et d'une politique des images.

Mots clés : Gilbert Simondon, image, imagination, invention, praxis, cycle, milieu, lecture, activité, éthique, politique

Is there a "praxis of images" specific to Simondon? Does it result from his reading of Bachelard? On the basis of these preliminary questions, this study seeks to clarify what a praxis of images could be in the triple sense of an activity, an ethics and a politics of images.

Keywords: Gilbert Simondon, image, imagination, invention, praxis, cycle, milieu, reading, activity, ethics, politics

Jean-Philippe PIERRON, « Travail, matière et imagination. Pour une analyse bachelardienne de la praxis laborante »

Cet article montre l'originalité des analyses consacrées par Gaston Bachelard à l'onirisme du travail et au rôle pratique de l'image, en sorte de discuter les formes du travail perdant aujourd'hui de vue le rapport aux matières et à la dimension écologique et sociopolitique qui les mobilisent.

Mots clés : travail, onirisme, écologie, imagination matérielle et matériaux

This article shows the originality of Bachelard's analyses of the onirism of work and the practical role of the image, in order to discuss the forms of work that today lose sight of the relationship with the materials as well as the ecological and socio-political dimension that mobilize them.

Keywords: work, onirism, ecology, material imagination, materials

Jean-Jacques WUNENBURGER, « L'imagination au travail. Bachelard, philosophe des sociétés préindustrielles »

Partant des liens qui unissent l'*homo faber*, l'imagination et le travail chez Gaston Bachelard, cette étude détermine en quel sens les approches bachelardiennes font de ce philosophe un témoin et un interprète des sociétés préindustrielles, mais aussi de manière générale du travail de la main.

Mots clés : anthropologie symbolique, corps, imagination, matière, travail

Starting from Gaston Bachelard's connections between homo faber, imagination and work, this study determines in what sense Bachelardian approaches make this philosopher a witness and interpreter of pre-industrial societies, but also of labor in a broader scale.

Keywords: symbolic anthropology, body, imagination, matter, work

Éthique, politique, religions est une revue biannuelle, gérée par l'Institut de recherches philosophiques de Lyon (IRPhiL, Université Lyon 3). Elle est centrée sur l'étude philosophique des sociétés contemporaines et de leur généalogie. Elle comprend des cahiers thématiques, des éditions ou traductions de textes de référence, des varias et des recensions d'ouvrages, français ou étrangers. Les articles peuvent être publiés en français ou en anglais. Tous les textes sont soumis à une double expertise en double aveugle, réalisée par les membres des trois comités de la revue, ou, dans certains cas, par des experts extérieurs.

Les propositions d'articles sont à envoyer à :

IRPhiL
18, rue Chevreul
69007 Lyon

ou par mail à Romain Carnevali : romain.carnevali@univ-lyon3.fr

La revue *Éthique, politique, religions* est publiée, en version papier et en version électronique, aux éditions Classiques Garnier.

CLASSIQUES GARNIER

Bulletin d'abonnement revue 2019

Éthique, politique, religions

2 numéros par an

M., Mme :

Adresse :

Code postal : Ville :

Pays :

Téléphone : Fax :

Courriel :

Prix TTC abonnement France, frais de port inclus		Prix HT abonnement étranger, frais de port inclus	
Particulier	Institution	Particulier	Institution
51 €	51 €	59 €	59 €

Cet abonnement concerne les parutions papier du 1er janvier 2019 au 31 décembre 2019. Pour toute demande d'abonnement hors de ces dates, veuillez écrire à librairie@classiques-garnier.com

Modalités de règlement (en euros) :

- Chèque joint à l'ordre des Classiques Garnier

- Virement
  Banque : Société Générale – BIC : SOGEFRPP
  IBAN : FR 76 3000 3018 7700 0208 3910 870
  RIB : 30003 01877 00020839108 70

À envoyer à :
Classiques Garnier
6, rue de la Sorbonne – 75005 Paris – France
Fax : + 33 1 46 33 28 90
Courriel : librairie@classiques-garnier.com

mis à jour le 16/01/2019

www.classiques-garnier.com

CLASSIQUES GARNIER

Bulletin d'abonnement revues 2019

Titre	Nombre de parutions par an	Prix TTC abonnement France, frais de port inclus		Prix HT abonnement étranger, frais de port inclus	
		Particulier	Institution	Particulier	Institution
Ædificare Revue internationale d'histoire de la construction	2	49 €	80 €	56 €	87 €
Alkemie	2	52 €	69 €	62 €	79 €
Bulletin de l'Association des amis d'Alfred de Vigny	1	Vente au numéro : 35 €			
Bulletin de la Société internationale des amis de Montaigne	2	Vente au numéro : 27 €			
Bulletin de la Société Paul Claudel	3	Vente au numéro : 25 €			
Cahiers Alexandre Dumas	1	Vente au numéro : 39 €	49 €	Vente au numéro : 39 €	58 €
Cahiers de lexicologie	2	80 €	90 €	89 €	96 €
Cahiers de lexicologie et Neologica jumelés	3	94 €	99 €	98 €	104 €
Cahiers de littérature française	1	29 €	37 €	34 €	41 €
Cahiers de Recherches Médiévales et Humanistes	2	48 €	92 €	55 €	100 €
Cahiers d'études nodiéristes	2	48 €	93 €	55 €	100 €
Cahiers Francis Ponge	1	29 €	37 €	38 €	44 €
Cahiers Jean Giraudoux	1	Vente au numéro : 34 €			
Cahiers Louis Dumur	1	39 €	49 €	48 €	57 €
Cahiers Mérimée	1	Vente au numéro : 32 €			
Cahiers Tristan Corbière	1	35 €	45 €	44 €	53 €
Cahiers Tristan L'Hermite	1	Vente au numéro : 30 €			
Cahiers Valery Larbaud	1	Vente au numéro : 35 €			
Considérant - Revue du droit imaginé	1	29 €	37 €	38 €	44 €
Constellation Cendrars	1	Vente au numéro : 26 €			
Des mots aux actes	1	35 €	44 €	45 €	53 €
Économies, gestion et sociétés (comprend : Revue d'histoire de la pensée économique, Socio-économie du travail, Systèmes alimentaires, European Review of Service Economics and Management, Entreprise & Société)	9	270 €	360 €	295 €	414 €
Écrans	2	41 €	50 €	49 €	58 €
Encomia	1	Vente au numéro : 69 €	85 €	Vente au numéro : 69 €	95 €
Entreprise & Société	2	78 €	98 €	90 €	106 €
Éthique, politique, religions	2	51 €	51 €	59 €	59 €
Études digitales	2	54 €	68 €	63 €	74 €
Études sartriennes	1	22 €	30 €	29 €	37 €
Études Stéphane Mallarmé	1	29 €	37 €	38 €	44 €
European Drama and Performance Studies	2	69 €	83 €	69 €	87 €
European Review of Service Economics and Management / Revue Européenne d'Économie et Management des Services	2	78 €	98 €	90 €	106 €
L'Année rabelaisienne	1	39 €	49 €	46 €	56 €

mis à jour le 15/03/2019

Titre	Nombre de parutions par an	Prix TTC abonnement France, frais de port inclus		Prix HT abonnement étranger, frais de port inclus	
		Particulier	Institution	Particulier	Institution
L'Année ronsardienne	1	29 €	37 €	38 €	44 €
La Lettre clandestine	1	32 €	49 €	38 €	56 €
La Revue des lettres modernes (séries : Écritures jeunesse n° 2, Écritures XIX n° 7, Voyages contemporains n° 2, Minores XX-XXI n° 1, Raymond Roussel n° 6, Georges Pérec n° 1)	6	118 €	180 €	148 €	224 €
Les Cahiers du dictionnaire	1	35 €	44 €	45 €	53€
Libertinage et philosophie à l'époque classique (XVIe-XVIIIe siècle)	1	35 €	45 €	44 €	53 €
LiCarC Littérature et Culture arabes Contemporaines	1	29 €	37 €	36 €	43 €
Neologica	1	42 €	53 €	51 €	63 €
Parade sauvage	1	29 €	37 €	38 €	44 €
Revue Balzac	1	28 €	37 €	36 €	43 €
Revue Bertrand	1	35 €	45 €	44 €	53 €
Revue Bossuet	1	Vente au numéro : 29 €			
Revue des études dantesques	1	22 €	31 €	30 €	38 €
Revue d'études proustiennes	2	55 €	69 €	64 €	75 €
Revue d'histoire de la pensée économique	2	78 €	98 €	90 €	106 €
Revue d'histoire littéraire de la France	4 + biblio.	77 €	113 €	99 €	142 €
Revue d'histoire et de philosophie religieuses	4	40 €	60 €	49 €	71 €
Revue européenne de recherches sur la poésie	1	35 €	44 €	45 €	53 €
Revue Nerval	1	35 €	44 €	45 €	53 €
Revue Verlaine	1	29 €	37 €	38 €	44 €
Romanesques	2	42 €	58 €	55 €	67 €
Socio-économie du travail	2	78 €	98 €	90 €	106 €
Systèmes alimentaires	1	39 €	49 €	45 €	58 €

Ces abonnements concernent les parutions papier du 1er janvier 2019 au 31 décembre 2019. Les abonnés passant commande en cours d'année recevront les numéros déjà parus. Pour toute demande d'abonnement hors de ces dates, veuillez écrire à librairie@classiques-garnier.com.

M., Mme, Mlle : ....

Adresse : ....

Code postal : .... Ville : .... Pays : ....

Téléphone : .... Fax : ....

Courriel : ....

Modalités de règlement (en euros) :

- Chèque joint à l'ordre des Classiques Garnier
- Virement
  Banque : Société Générale – BIC : SOGEFRPP
  IBAN : FR 76 3000 3018 7700 0208 3910 870
  RIB : 30003 01877 00020839108 70

À envoyer à :
Classiques Garnier
6, rue de la Sorbonne
75005 Paris – France

Fax : + 33 1 46 33 28 90

Courriel : librairie@classiques-garnier.com

mis à jour le 15/03/2019

IMPRIM'VERT®

Achevé d'imprimer par Corlet Numéric,
Z.A. Charles Tellier, Condé-en-Normandie (Calvados). N° d'impression : 156746
Imprimé en France